人邮教育

数智化时代
会计专业融合创新系列教材

U0734519

数智企业经营
沙盘模拟实训教程

主 编◎王保安 左婧楠
组 编◎新道科技股份有限公司

人民邮电出版社
北京

图书在版编目（CIP）数据

数智企业经营沙盘模拟实训教程 ／ 王保安，左婧楠
主编. -- 北京 : 人民邮电出版社，2025. --（数智化时
代会计专业融合创新系列教材）. -- ISBN 978-7-115
-66358-0

Ⅰ. F272.3

中国国家版本馆 CIP 数据核字第 2025ZJ4302 号

内 容 提 要

　　本书依托新道科技股份有限公司开发的数智企业经营管理沙盘，以企业的经营管理全过程为导向，
采用项目教学方式开展教学，内容主要涵盖了企业设立、市场营销、生产采购、人力资源、财务管理
等企业经营必备的知识。项目一至项目五由学习目标、项目导学、知识准备、项目实训、项目拓展、
中华优秀传统管理案例和巩固与提高七部分组成，覆盖了管理理论知识体系、沙盘实操规则及实操过
程、配套经营管理工具、经营管理案例及拓展习题等。项目六是一个完整的企业经营典型案例，方便
学生完成课程实训。

　　本书可以作为高职院校经济管理专业基础课以及其他专业创新创业课程的教材，也可以作为企业
管理人员培训教材，尤其适合参加全国企业经营沙盘模拟大赛的读者选用。

◆ 主　　编　王保安　左婧楠
　　责任编辑　崔　伟
　　责任印制　王　郁　彭志环
◆ 人民邮电出版社出版发行　　　北京市丰台区成寿寺路 11 号
　　邮编　100164　电子邮件　315@ptpress.com.cn
　　网址　https://www.ptpress.com.cn
　　北京天宇星印刷厂印刷
◆ 开本：787×1092　1/16
　　印张：12.25　　　　　　　　　2025 年 8 月第 1 版
　　字数：331 千字　　　　　　　　2025 年 8 月北京第 1 次印刷

定价：49.80 元

读者服务热线：(010)81055256　印装质量热线：(010)81055316
反盗版热线：(010)81055315

前　言

党的二十大报告指出："教育、科技、人才是全面建设社会主义现代化国家的基础性、战略性支撑。"根据教育部发布的《职业教育专业目录（2021 年）》，高职院校要对接现代产业体系，对接新经济、新业态、新技术、新职业，创建高质量职教体系，提升人才供给质量。数智企业经营沙盘模拟课程对标数字化产业，由校企联合开发，以生产型企业为背景，学生通过在虚拟企业中分别担任营销总监、生产总监、财务总监和人力总监，在激烈的市场竞争中体验企业经营管理的完整流程。该课程集知识性、趣味性、对抗性、数智化于一体，通过竞技式操作平台、大数据教学工具，构建新一代数智化的教学场景和沉浸式的学习体验，提升学生的数智化认知、数智化经营管理能力、数智化领导能力及团队协作能力，为新经济、新业态发展培养高质量复合型人才。

本书特色

1. 校企"双元"合作

本书由高职院校教师编写团队与新道科技股份有限公司校企合作"双元"开发。新道科技股份有限公司作为该课程实操平台的开发方，主要负责仿真平台提供、产业案例开发、拓展案例遴选、企业数字化研究等工作；教师编写团队主要负责教材内容整体规划设计、教学设计、教材编写、微课视频讲授、试题库建设等工作。双方调动各自优势资源共同完成教材的高质量编写。

2. 岗课赛融通

本书紧密围绕企业经营管理岗位的实际需求，提炼出关键技能点和能力要素，并将其融入项目实训过程。通过模拟真实的工作场景和任务，学生可以在实践中掌握岗位所需的各项技能。本书同时对标企业经营沙盘模拟赛项，设计了一系列具有挑战性的经营模拟实训任务。这些任务不仅考验学生的专业知识，更锻炼其团队协作、创新思维和解决问题的能力，为其参与更高级别的竞赛打下坚实基础。

3. 知识讲解与价值引领融合

本书在项目导学、项目拓展栏目中精选时政案例、本土优秀企业管理案例和中华优秀传统管理案例，这些案例具有良好的示范作用，不仅可以拓宽学生的视野，还可以培养学生的批判性思维和担当意识，树立文化自信。

4. 教学资源丰富

本书提供了教学资源丰富、多维度、互动性强的学习环境，以满足现代职业教育的多元化需求。本书还配备了丰富的多媒体教学资源，包括微课视频、动画演示等，同时整合了习题库、案例库、PPT 课件等教学资源。多样化的教学资源以直观、生动的方式呈现晦涩的规则知识和操作要点，并提供个性化的学习路径和资源推荐，使学习过程更加直观易懂。学生可以通过观看视频教程反复练习操作技巧，提高学习效率和质量，助力自己实现个性化成长。教师可登录人邮教育社区（www.ryjiaoyu.com）下载本书配套教学资源。

本书由安阳职业技术学院与新道科技股份有限公司共同编写完成。具体编写分工如下：王保安负责内容总体设计和编写项目一，左婧楠负责编写项目二和项目六，冯杜娟负责编写项目三，李晓蕾负责编写项目四，刘梦恬负责编写项目五，新道科技股份有限公司杨欣睿负责编写附录和全书审核工作。

因编者团队认知边界与实践能力局限，书中不妥或疏漏之处在所难免，殷切希望广大读者批评指正。

编者

2025 年 6 月

目 录

项目一

企业设立

学习目标

知识目标：

1. 了解企业、企业目标及组织结构的相关知识
2. 了解企业数字化的要素及发展趋势
3. 了解沙盘及沙盘中各角色的岗位职责
4. 掌握社会责任规则和数智平台规则，理解操作步骤及其逻辑关系

能力目标：

1. 能够设定清晰的企业目标
2. 能够设置合适的组织结构
3. 能够熟练操作第 1 年沙盘

素质目标：

1. 培养团队合作能力及诚信经营理念
2. 树立自信、自主、自立、自强的企业家精神

项目导学

战略失误导致日系车企在新能源赛道上失利

近年来，随着技术的发展和国家产业政策的扶持，我国的新能源汽车开始在国际市场上占据重要地位。新能源汽车从一开始就有多种技术路线，如纯电动、混合动力、氢能源等。日系车企在纯电动和混合动力方面布局很早，丰田早在 1997 年推出了油电混合动力车型普锐斯，日产在 2009 年推出了第一款经济型纯电动车。但是后来，头部车企丰田带领其他日系车企集体转向，全力投入另一条技术路线——氢燃料电池。日本汽车产业界坚定地认为，氢燃料电池才是新能源汽车的未来。2020 年，全球电动汽车销量超过 300 万辆，同比增长约 40%，其中氢能源汽车只有不足 1 万辆。号称目前技术最成熟、最领先的氢能源汽车丰田 MIRAI 全球销量也只有 1 770 台。本田氢能源汽车在全球累计销量也仅有 1 900 辆，最终在 2021 年 8 月宣布停产。在这种形势下，奔驰、通用等欧美传统车企纷纷停止了氢能源汽车的研发。日系车企在新能源赛道上的集体失利是多种因素造成的，但其中战略定位和选择出现偏差可能是最重要的原因，企业战略方向对于企业的重要性由此可见一斑。

在本项目中，我们将进行企业、企业目标及组织结构等企业管理理论的学习并将其应用于实操项目中。

知识准备

一、企业设立

（一）企业及企业目标

企业是依法设立的，以营利为目的，运用各种生产要素（土地、劳动力、资本和技术等），向市场提供商品或服务，实行自主经营、自负盈亏、独立核算的法人或其他社会经济组织。

1. 企业愿景

企业愿景是企业高层管理者对未来的一种设想，是企业未来的目标、存在的意义，是企业的发展方向及战略定位的体现。

2. 企业使命

企业使命是指企业在社会进步和社会经济发展中应担当的角色和责任。企业使命阐明了企业的根本性质和存在理由。

3. 企业战略目标

企业战略目标是指企业在实现其使命过程中所追求的长期结果，是在一些重要的领域对企业使命的进一步具体化。与企业使命不同的是，战略目标要有具体的数量特征和时间界限，一般为3～5年或更长。

企业最终以利润最大化为目标，但企业同时也肩负其他目标，如培养忠实的客户、成为行业领先者（努力保持在行业第一或第二位）、保持业绩持续增长、发展员工并承担一定的社会责任等。这些目标相辅相成，共同推动企业不断发展。

（二）企业的组织结构

企业的组织结构描述了企业组织的框架体系，是企业内部各个有机构成要素相互作用的联系方式或形式，以求有效、合理地把企业成员组织起来，为实现共同目标而协同努力。企业的组织结构是企业管理的基础和载体，是企业生产经营管理功能的具体表现。从一定程度上讲，企业之间的竞争就是企业"效率"的竞争，而这个"效率"在很大程度上有赖于合理的组织结构。

组织结构形式是组织结构框架设置的具体模式，常见的组织结构形式有以下几种。

1. 直线制组织结构

直线制组织结构是一种最早的、最简单的组织结构形式。这种组织结构形式没有职能结构，从最高管理层到最低管理层，实行直线垂直领导，故称直线制组织结构，如图1-1所示。

2. 职能制组织结构

职能制组织结构是指在组织中设立若干职能部门，各职能部门在自己的业务范围内都有权向下级下达命令和指示，下级要同时听从上级直线领导者和上级职能部门的指挥，如图1-2所示。

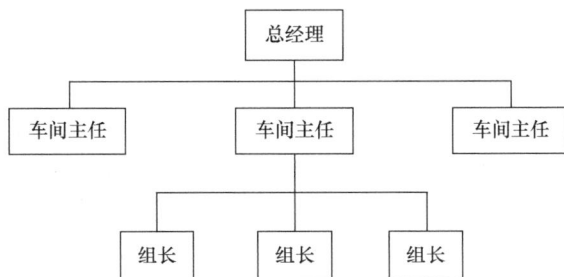
图 1-1　直线制组织结构

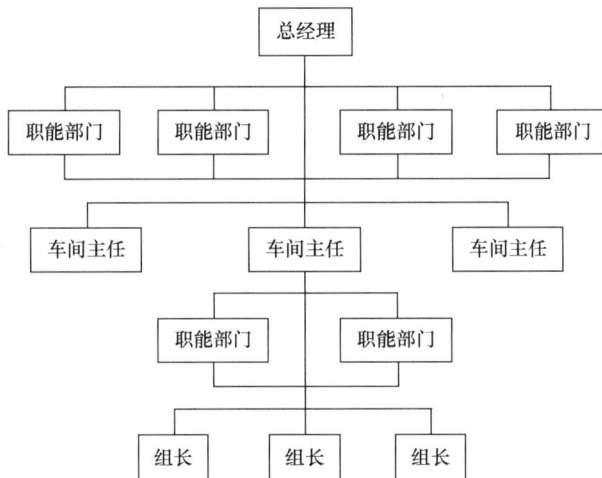
图 1-2　职能制组织结构

3.　直线职能制组织结构

直线职能制组织结构吸取了直线制和职能制两种组织结构形式的长处，规避了它们的短处。它把直线指挥的统一化思想和职能分工的专业化思想相结合，在组织中既保持了纵向的直线指挥系统，又设置了横向的职能管理系统，即在各级领导之下设置相应的职能部门分别从事专业管理，如图 1-3 所示。

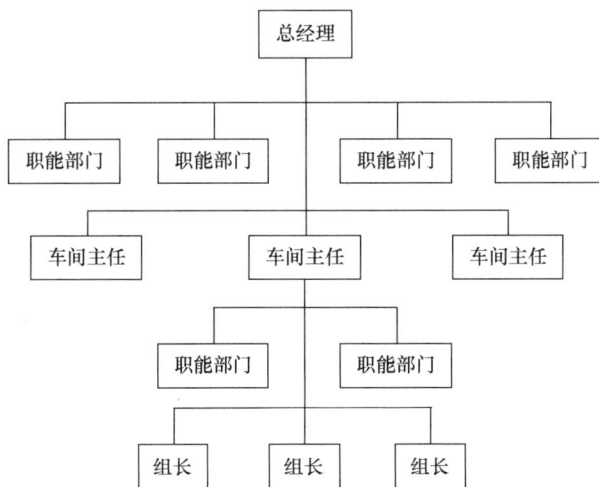
图 1-3　直线职能制组织结构

二、企业数字化

在大数据、人工智能、移动互联网、云计算、区块链等数字技术不断涌现和飞速发展的背景下，传统企业的生产、经营、管理模式正在发生巨大改变，数字技术已经成为全球企业高质量发展的重要前提和有力保障。《中华人民共和国国民经济和社会发展第十四个五年规划和2035年远景目标纲要》中指出"加快数字化发展，建设数字中国"，党的二十大报告也明确提出"促进数字经济和实体经济深度融合"的重要战略导向。在此宏观背景下，企业的数字化转型既是顺应技术的发展，也是符合政策导向的战略举措。

企业数字化转型是将数字技术与现有生产模式深度融合，以数字技术推动企业生产、经营以及管理的提质、增效和转变。当前经济环境下，企业发展处于不稳定环境中，加快数字化转型、增强核心竞争力、促进高质量发展对于企业具有重要的意义。数字化转型能够加速企业分化，通过数字技术产生内核驱动力，围绕核心的数据要素，制定新战略、发展新平台、创造新生态、迸发新思维，促进企业高质量发展。

企业数字化主要包括用户、数据和资源三部分，它们是企业由小到大、由点到面、由局部到全貌展开的三大核心要素。以用户为核心，以数据为驱动，连接内外部资源，为企业数字化转型指明了方向，三者缺一不可。

1. 用户

以用户为核心，是企业在数字化时代的生存"命脉"。这并非简单地指服务人员与客户关系的表层解读，这种服务要延伸到技术服务、产品服务、认知服务、利他服务等环节。企业要站在用户的角度，以用户需求为出发点，不断更新企业的各项服务，完善创意设计。

企业数字化转型，是一个长期的、持续迭代的过程。在转型升级过程中，企业要始终以用户需求为核心，借助移动互联网、人工智能、云计算等数字技术，精准触达用户群体，提供高质量的服务体验。但是，如何实现以用户为核心，靠的不是经验主义，而是企业的数据资产。

2. 数据

以数据为驱动，是企业数字化转型的"起搏器"。数据作为关键的生产要素之一，其重要性不言而喻。企业借助数字技术，可以构建出一套完整的全链路智能化闭环，实现以数据为驱动的智能生产、智能经营和智慧化管理，助力企业实现体验优化、效率提升和价值创造的目标。在实现企业数字化的过程中，以数据为驱动的智能场景，具体可以分为数字化营销、数字化生产、数字化人力和数字化财务四个方面。

3. 资源

连接内外部资源，是数字生态体系构建的"血液"。随着全球信息产业的不断发展，海量数据源源不断地产生，数字化将从单一环节、领域，向产业生态方面映射。打造内部与外部互通、上游和下游联动的数字生态体系，是企业在竞争激烈、更新迭代加剧的数字时代，提高自身竞争力的有力保障。

企业的数字化转型，已经从可选项变成了必选项。不同企业的数字化，需要根据其所处的行业特点和所处发展阶段，探索适合的战略方向，有针对性地分阶段实施。企业在数字化转型中，需要从数字营销、数字生产、数字人力和数字财务四方面着手，配合"以用户为核心，以数据为驱动，连接企业内外部资源"的数字化理念为指导，打破转型困境，寻找正确的路径方向，最终实现企业数字化。

项目实训

【实训准备】

一、认识沙盘

（一）沙盘的历史演化

《史记》中记载："以水银为百川江河大海，机相灌输，上具天文，下具地理。"据说，秦始皇陵中堆塑了一个大型的地形模型。模型中不仅砌有高山、丘陵、城池等，而且用水银模拟江河、大海，用机械装置使水银流动循环。可以说，这是最早的沙盘雏形，距今已有两千多年的历史。

公元 32 年，汉光武帝刘秀征讨天水、武都一带地方豪强隗嚣，召名将马援商讨进军战略。马援"聚米为谷，指画形势"，从战术上做了详尽的分析。刘秀看后，高兴地说："虏在吾目中矣（敌人尽在我的眼中了）！"这是我国战争史上运用沙盘模拟战场、研究战术的首创。

1811 年，普鲁士国王腓特烈·威廉三世的文职军事顾问冯·莱斯维茨，用胶泥制作了一个精巧的战场模型，用不同颜色标示道路、河流、村庄和树林，用小瓷块代表军队和武器，陈列在波茨坦皇宫里，用来进行军事游戏。

19 世纪末 20 世纪初，沙盘主要用于军事训练。战争沙盘模拟推演跨越了实兵军演的巨大成本障碍和时空限制，在战争中得到普遍运用，其推演效果在第二次世界大战中更是发挥到了极致。

今天，沙盘已经广泛应用于社会经济生活的各个领域，尤其是城市规划、房地产开发、旅游景区等。随着现代化信息技术的发展，出现了能够实时、动态反映客观对象情况的电子沙盘，促使沙盘向自动化、多样化的方向发展。尽管构成沙盘的材质发生了根本性的改变，但"沙盘"这个名称始终没变。

（二）沙盘的分类

1. 地形沙盘

地形沙盘是以微缩实体的方式来表示地形地貌特征，并在模型中体现山体、水体、道路等，主要表现的是地形数据，使人们能从微观的角度了解宏观的事物。地形沙盘的应用范围极其广泛，主要运用在交通、水利、电力、旅游、军事等领域。

2. 建筑沙盘

建筑沙盘是以微缩实体的方式来展现建筑艺术。无论是单体的造型还是群体的组合，建筑沙盘都能如实地表达建筑思想的构造，将建筑师的意图转化成具体的形象。

3. 管理沙盘

管理沙盘起源于 20 世纪的欧洲，于 21 世纪初在中国推广使用。管理沙盘将企业的业务流程看作一个紧密连接的供应链，将企业内部划分成相互协同作业的支持子系统，模拟企业经营管理运作的全过程。

（三）企业经营管理沙盘简介

企业经营管理沙盘是针对现代企业经营管理技术 ERP（Enterprise Resource Planning，企业资源计划）设计的角色体验平台。沙盘各职能中心涵盖了企业运营的所有关键环节，包括战略规划、资金筹集、市场营销、产品研发、生产组织、物资采购、设备投资与改造、财务核算与管理等，把企业外部环境和内部条件的各种因素简化、抽象为一系列的规则，用于推演企业运营的过程和结果。沙盘将企业资源合理简化，能够突出反映企业经营的本质，在小小的沙盘中蕴藏着企业经营决策的真谛。

（四）企业经营管理沙盘的岗位设置及相关岗位职责

1. 总经理

总经理的岗位职责是带领团队成员共同制定企业战略、愿景及目标，进行团队协同管理、管理授权与企业经营总结等。

2. 营销总监

营销总监的岗位职责是通过对市场需求、竞争对手的调查研究，组织拟定公司的营销战略、年度销售计划和营销费用预算，负责具体的实施工作，确保各期营销战略及销售目标的完成。

3. 生产总监

生产总监的岗位职责是根据公司的战略目标、营销目标，制订公司的生产采购计划及年度生产预算，合理配置设备、人员等生产资源，确保实现公司的销售目标。

4. 人力总监

人力总监的岗位职责是根据公司的战略目标、营销目标及生产目标，制订公司的人力资源计划及年度人力成本预算，通过搭建公司的招聘与甄选、培训管理、绩效管理、薪酬福利等人力资源管理体系，最大化配置人力资源，确保实现公司目标。

5. 财务总监

财务总监的岗位职责是根据公司的战略规划及各部门年度计划，制定公司融资方案、年度财务预算及年度财务报表，并进行年度财务分析，为公司的目标实现提供财务支持。

二、社会责任规则

进入沙盘首页（见图 1-4），单击页面右下角的"社会责任"图标，进入社会责任操作页面（见图 1-5）。页面包括"一流企业""勇于创新""诚信守法""社会责任""国际视野"5 个子操作。

微课 1-1

（一）一流企业

在社会责任操作页面单击"一流企业"按钮，可以显示当前企业总营收及世界排名（见图 1-5）。

图 1-4 沙盘首页

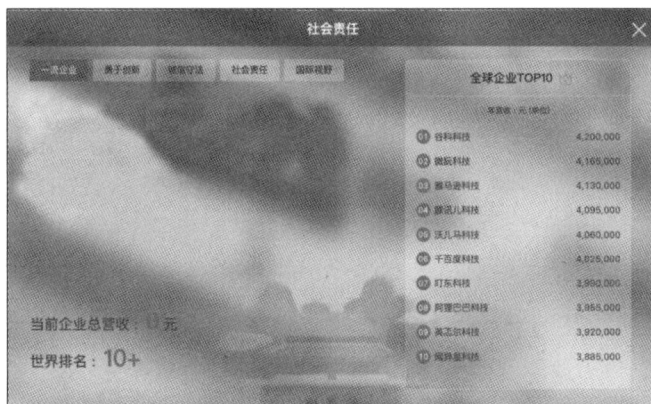

图 1-5 社会责任操作页面

（二）勇于创新

在社会责任操作页面单击"勇于创新"按钮，可显示当前企业创新度。各特性研发值越高，创新度越好（见图1-6）。

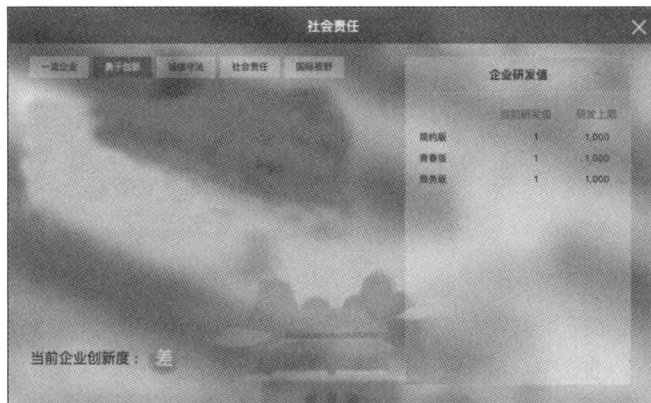

图 1-6 当前企业创新度

（三）诚信守法

在社会责任操作页面单击"诚信守法"按钮，可显示当前企业信誉度（见图1-7）。商誉值越高，企业信誉度越好。单击"商誉扣除明细"按钮，可以查看企业商誉扣除的明细（见图1-8）。

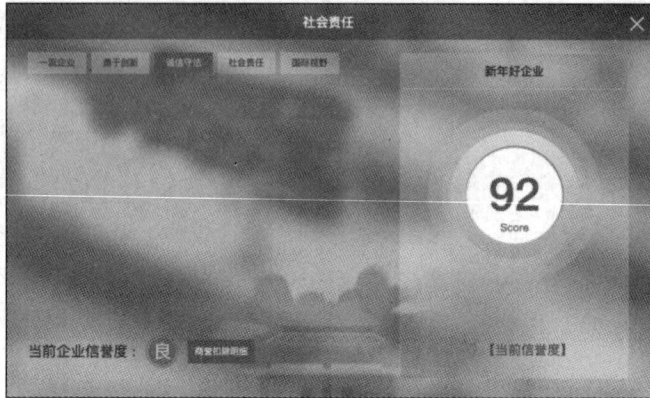

图1-7　当前企业信誉度

图1-8　商誉扣除明细

（四）社会责任

1. 捐款

在社会责任操作页面单击"社会责任"按钮，可显示企业的总捐款额度及本年已捐款额度（见图1-9）。当"捐款"按钮为灰色时，表示捐款功能尚未开启，企业不能捐款；当"捐款"按钮为蓝色时，表示捐款功能开启，企业可单击"捐款"按钮进行捐款，现金随捐款金额实际扣除。

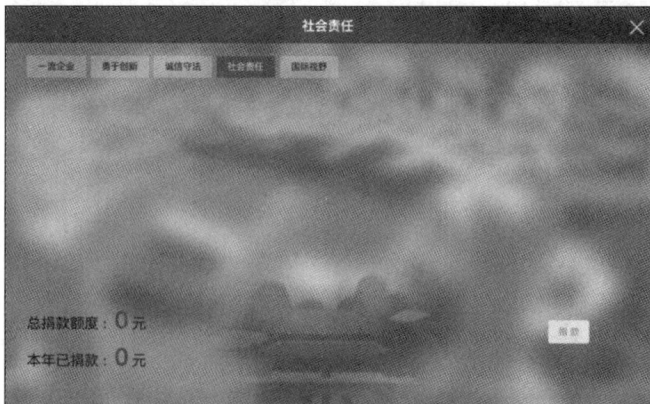

图1-9　捐款额度

【HW 公司案例】

HW 公司捐款 20 000 元。捐款前，总捐款额度为 90 000 元，本年已捐款额度为 0 元（见图 1-10）。单击"捐款"按钮，输入捐款金额"20 000"（见图 1-11），再单击"确定"按钮。总捐款额度增加为 110 000 元，本年已捐款额度增加为 20 000 元（见图 1-12）。

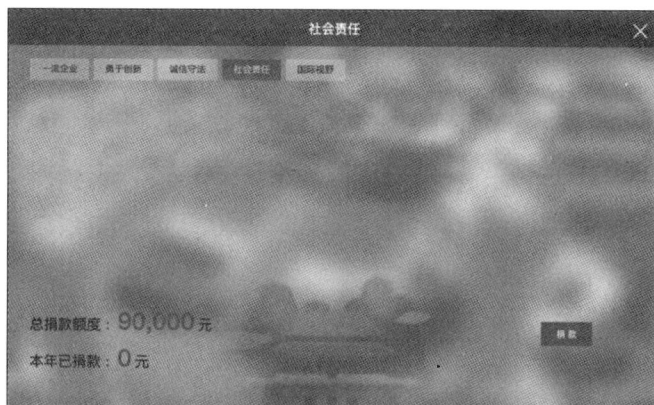

图 1-10　捐款前的页面

图 1-11　输入捐款金额

图 1-12　捐款后的页面

2. 捐款减免纳税

捐款可以为企业减免所得税。设捐款金额为 X，若 $X \geqslant$ 税前利润 $\times 12\%$，按税前利润的 12% 扣除，则应交税费 = 税前利润 $\times$（$1-12\%$）$\times 25\%$；若 $X <$ 税前利润 $\times 12\%$，按实际 X 值扣除，则应交税费 =（税前利润 $-X$）$\times 25\%$。

📖【HW 公司案例】

HW 公司在第 2 年第 3 季度捐款 20 000 元，第 2 年税前利润为 250 000 元。捐款额度 20 000 元小于税前利润 250 000 元的 12%（30 000 元），按实际捐款额 20 000 元扣除，那么应交税费=（250 000−20 000）×25%=57 500（元）。

（五）国际视野

在社会责任操作页面单击"国际视野"按钮，可显示企业在三个市场中的销售占比，鼓励企业走向国际市场（见图 1-13）。

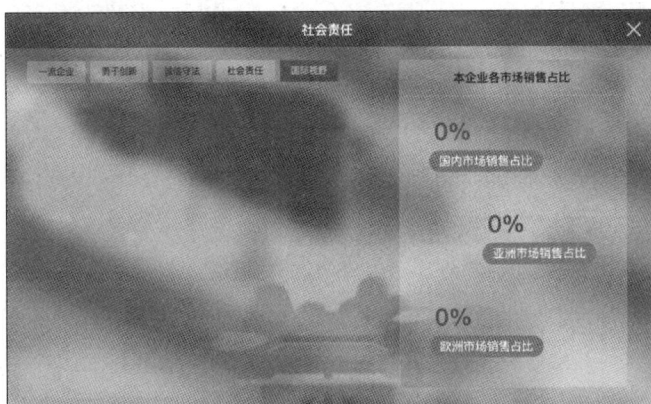

图 1-13　各市场销售占比

三、数智平台规则

进入沙盘首页，单击页面右下角的"数智平台"图标，进入数智平台操作页面（见图 1-14）。数智平台包括"RPA""智能生产""智能招聘""数据可视化"4 个子操作。在第 3 年第 1 季度和第 4 年第 1 季度需要手动配置数智平台，且只能在第 1 季度配置，如果错过时间，当年将不能再配置数智平台。

微课 1-2

图 1-14　数智平台操作页面

（一）RPA

在数智平台操作页面单击"RPA"图标，进入 RPA 页面（见图 1-15）。在 RPA 页面中输入逻辑，RPA 机器人将自动处理业务，包括收款、付款和缴费。将左侧的"收款""付款""缴费"依次拖到右侧空白处（见图 1-16），最后单击"保存"按钮即可配置成功。

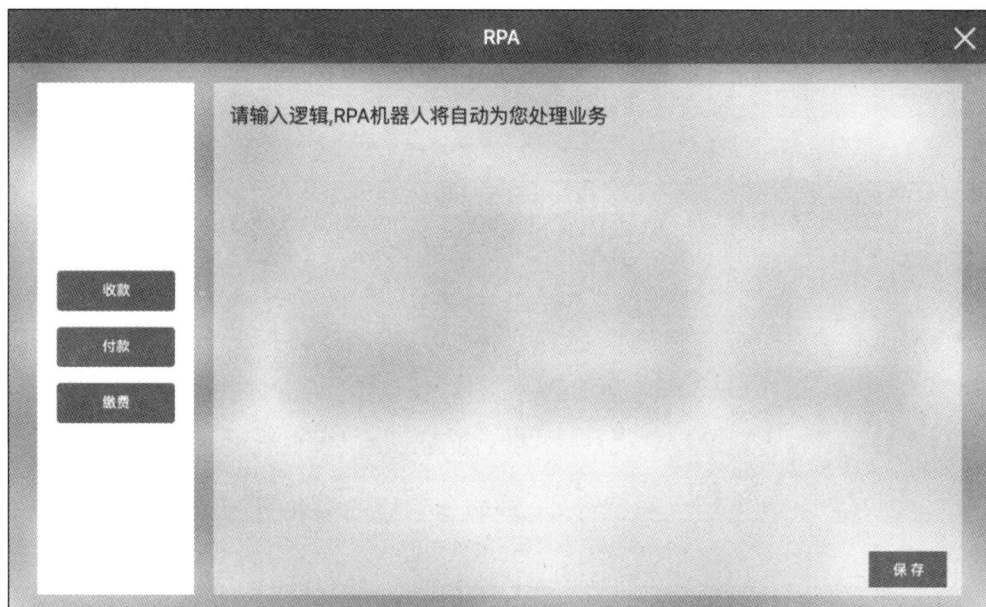

图 1-15 RPA 页面

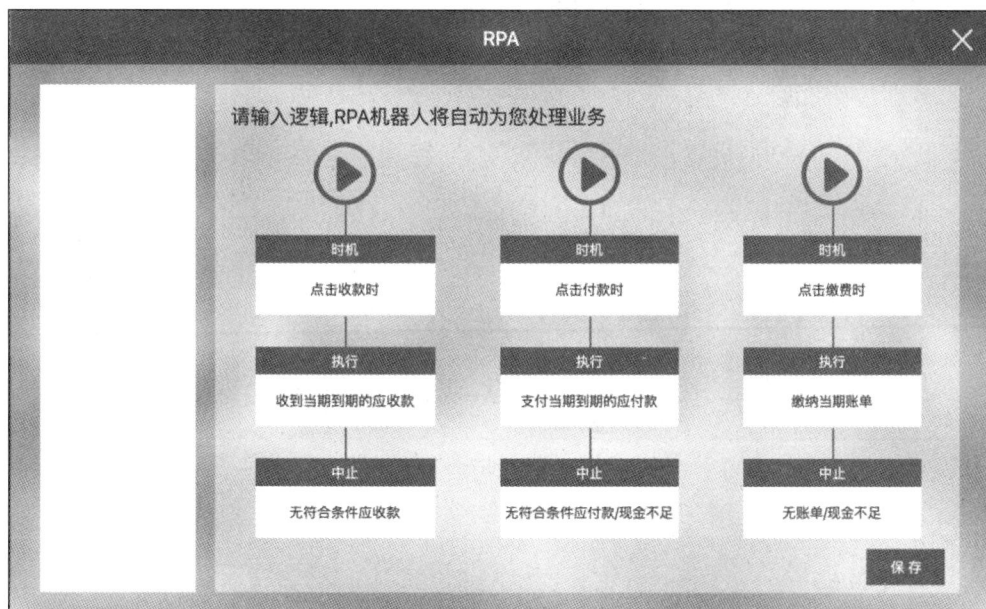

图 1-16 输入 RPA 逻辑

RPA 功能开启后，财务总监可以在"收""付""费"中分别进行"批量收款"（见图 1-17）、"批量支付"（见图 1-18）、"批量缴费"（见图 1-19）操作，大大简化了财务总监的操作流程。

图 1-17　批量收款

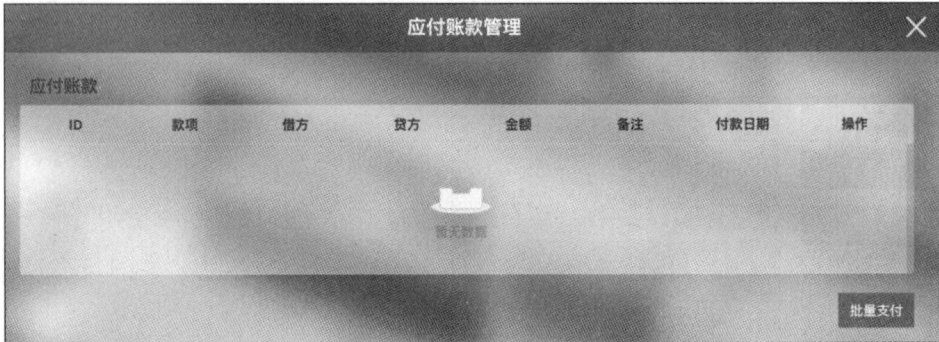

图 1-18　批量支付

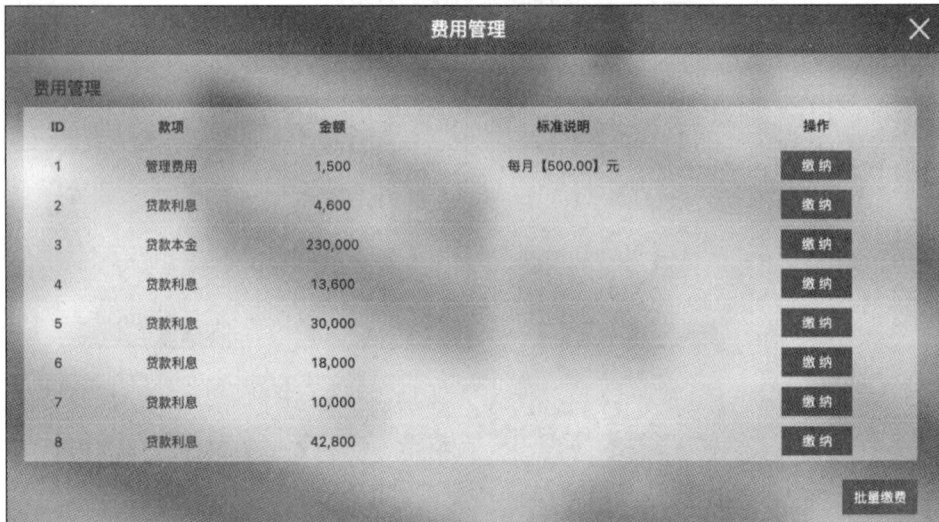

图 1-19　批量缴费

（二）智能生产

1. 配置智能生产

在数智平台操作页面单击"智能生产"图标，进入智能生产（配置）页面（见图1-20）。在智能生产（配置）页面输入逻辑，将左侧的"智能转产""自动收货入库""智能工人排产""自动更新图纸""智能下单材料"依次拖入右侧对应方框内（见图1-21），单击"保存"按钮后完成智能生产配置。

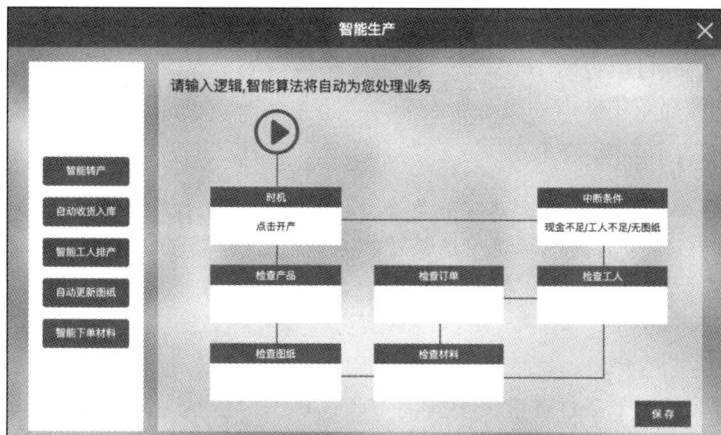

图 1-20　智能生产（配置）页面

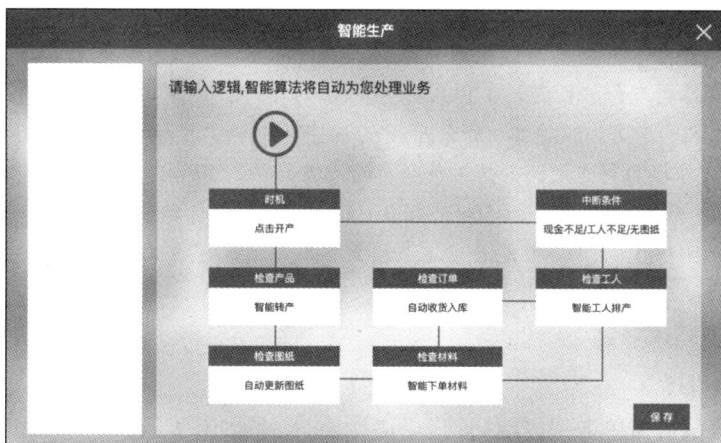

图 1-21　输入智能生产逻辑

2. 开启智能生产

在沙盘首页单击右侧的"产"图标，进入生产总监操作页面（见图 3-2），单击"点击进入数字技术平台"按钮，进入智能生产页面（见图 1-22）。

图 1-22　智能生产页面

进入智能生产后，所有原料的送货周期为 0，所有生产线的转产周期为 0，转产费用为 0。开启智能生产后，生产线自动更新 BOM 表，配置效率最高的工人，并自动购买原料。智能生产不会持续进行，每季度都需要操作一次。

> **【HW 公司案例】**
>
> HW 公司在第 3 年第 1 季度开启智能生产，1 条全自动线生产 P 系列产品，且配置 8 时制生产。在"全自动线"后面的下拉框中选择"P 系列"，选中页面右下角的"8 时制"，然后单击"开启智能生产"按钮（见图 1-22），即可开启智能生产。

3. 开启智能生产的条件

企业必须同时具备以下条件才能开启智能生产：第一，企业现金及预算充足；第二，工人充足；第三，市场有充足的原料；第四，产品设计完成；第五，拥有产品生产资质。

> **【HW 公司案例】**
>
> HW 公司计划开启 1 条全自动线生产 P 系列产品，该全自动线经配置后的产量为 50 个，公司已经具备 P 系列产品生产资质且已完成 P 系列商务版的产品设计，市场上所有原料均有 500 000 个，公司有 2 名初级工人和 1 名高级技工。那么开产 50 个 P 系列产品所需的原料为 50 个 CPU、50 个主板和 50 个摄像头，市场原料充足；开产 1 条全自动线需要初级工人 2 名，高级技工 1 名，公司工人充足；原料费用 =（500+500+500）×50=75 000（元）；1 条全自动线的开产费（即计件工资）=（50×2+100）×50=10 000（元），智能开启这条生产线所需资金 =75 000+10 000=85 000（元）。

（三）智能招聘

1. 配置智能招聘

在数智平台操作页面单击"智能招聘"图标，进入智能招聘（配置）页面（见图 1-23）。在智能招聘（配置）页面中，根据企业需要选择左侧"薪酬优先""效率优先""比率优先"其中一个，拖入右侧"按条件筛选"方框中，单击"保存"按钮，即可完成智能招聘配置。

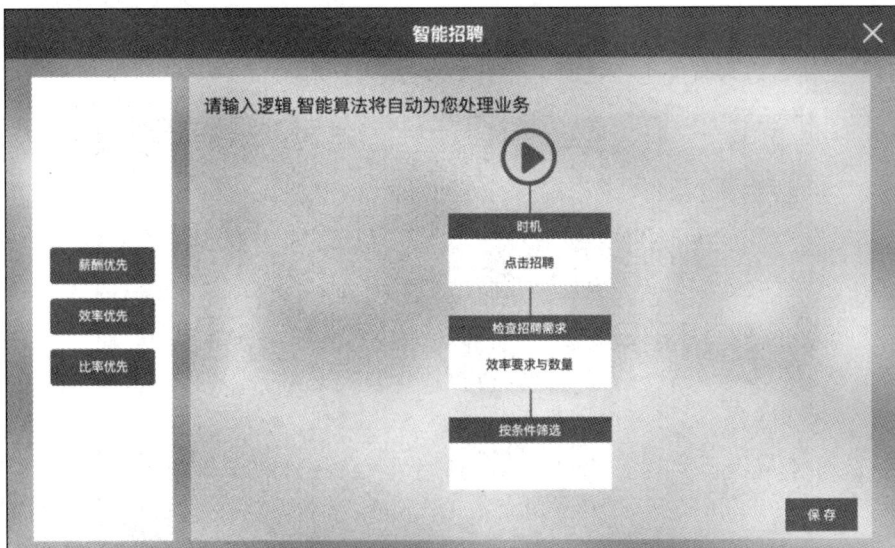

图 1-23 智能招聘（配置）页面

【HW 公司案例】

　　HW 公司按薪酬优先进行筛选，将"薪酬优先"拖入右侧"按条件筛选"方框内（见图 1-24），然后单击"保存"按钮即可。

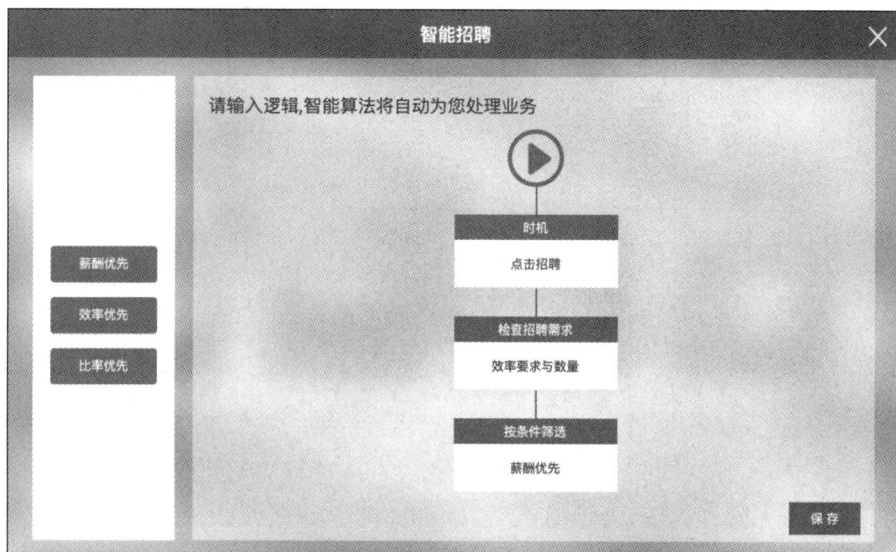

图 1-24　输入智能招聘逻辑

　　在沙盘首页单击右侧的"人"图标，进入人力总监操作页面（见图 4-1）。单击"点击进入数字技术平台"按钮，进入智能招聘页面（见图 1-25）。智能招聘包括"人力资源需求"和"筛选结果"两个栏目。

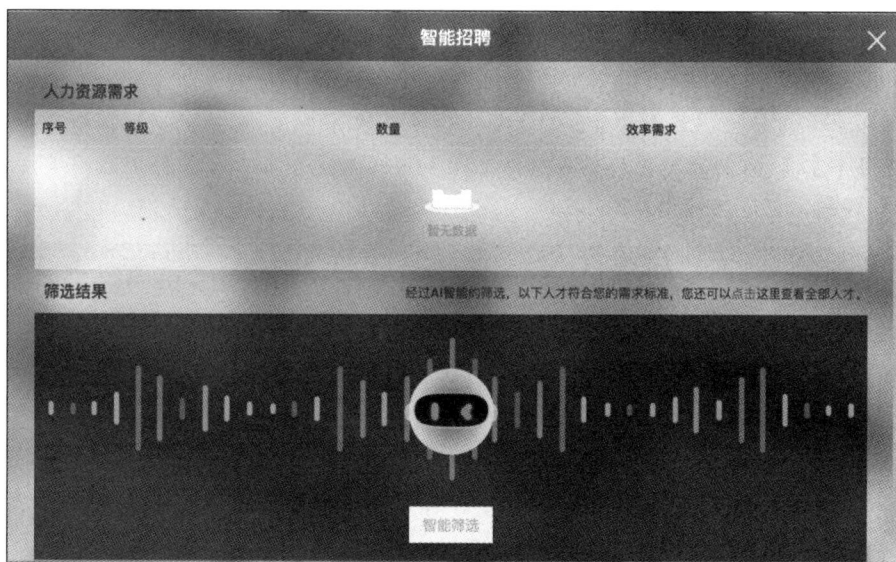

图 1-25　智能招聘页面

2. 人力资源需求

生产总监提报的招聘需求会同步到"人力资源需求"中。

📖【HW 公司案例】

HW 公司生产总监填报招聘需求如下：2 名效率要求为 58% 的初级工人和 1 名效率要求为 70% 的高级技工。该招聘需求同步到智能招聘页面的"人力资源需求"中（见图 1-26）。

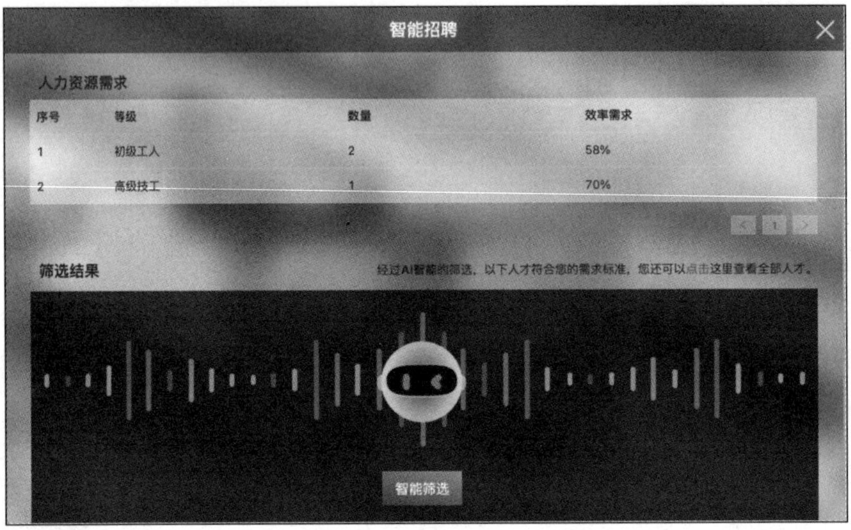

图 1-26　人力资源需求（智能招聘）

3. 开启智能招聘

智能筛选可以按薪酬、效率或比率优先原则进行配置，企业根据需要自行选择。智能筛选的人员效率高于需求值，筛选结果一页最多展示 8 人。智能招聘可节省人力总监的招聘时间，提高招聘效率。

📖【HW 公司案例】

HW 公司按薪酬优先原则，招聘 2 名效率要求为 58% 的初级工人（手工工人）和 1 名效率要求为 70% 的高级技工。单击"智能筛选"按钮（见图 1-26），筛选结果按期望月薪由低到高展示（见图 1-27）。人力总监根据需要选择 2 名初级工人（手工工人）和 1 名高级技工，单击"发 offer"按钮，完成招聘（见图 1-28）。

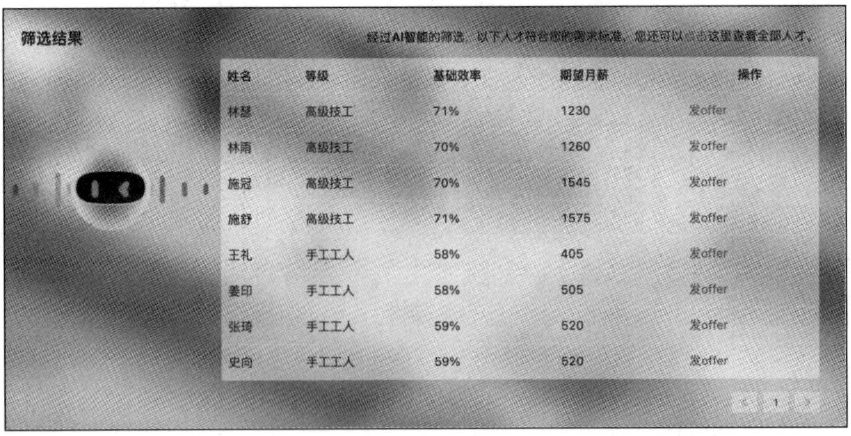

姓名	等级	基础效率	期望月薪	操作
林慧	高级技工	71%	1230	发offer
林雨	高级技工	70%	1260	发offer
施冠	高级技工	70%	1545	发offer
施舒	高级技工	71%	1575	发offer
王礼	手工工人	58%	405	发offer
姜印	手工工人	58%	505	发offer
张琦	手工工人	59%	520	发offer
史向	手工工人	59%	520	发offer

图 1-27　筛选结果

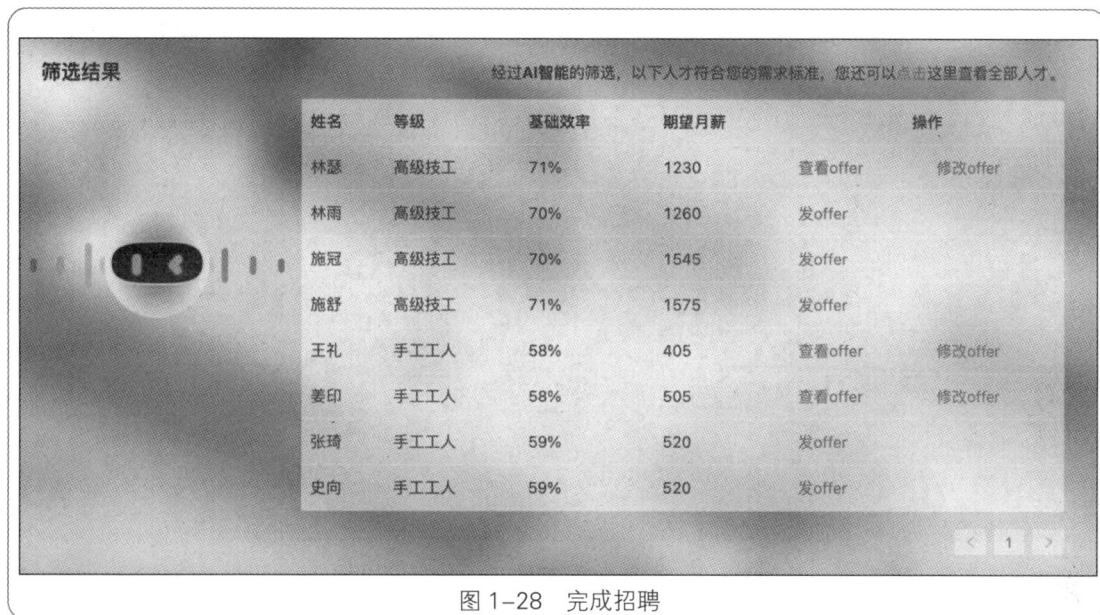

图 1-28　完成招聘

（四）数据可视化

在数智平台操作页面单击"数据可视化"图标，进入大数据自选看板页面（见图 1-29）。在大数据自选看板页面各小板块的下拉框中选择需要的信息，然后单击"保存"按钮即可展示相关数据信息。一旦保存，当年不可修改。除了在数智平台操作页面单击"数据可视化"图标进入大数据自选看板页面外，还可在营销总监操作页面（见图 2-2）和财务总监操作页面（见图 5-2）单击"点击进入数字技术平台"按钮进行查看。

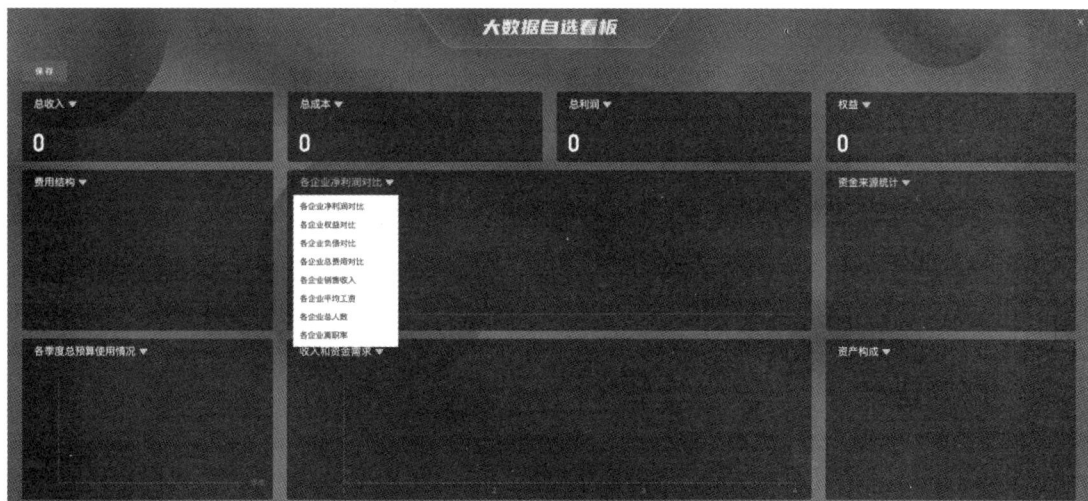

图 1-29　大数据自选看板页面

📖【HW 公司案例】
　　HW 公司配置大数据自选看板信息后的页面如图 1-30 所示。

图 1-30　配置完成的大数据自选看板页面

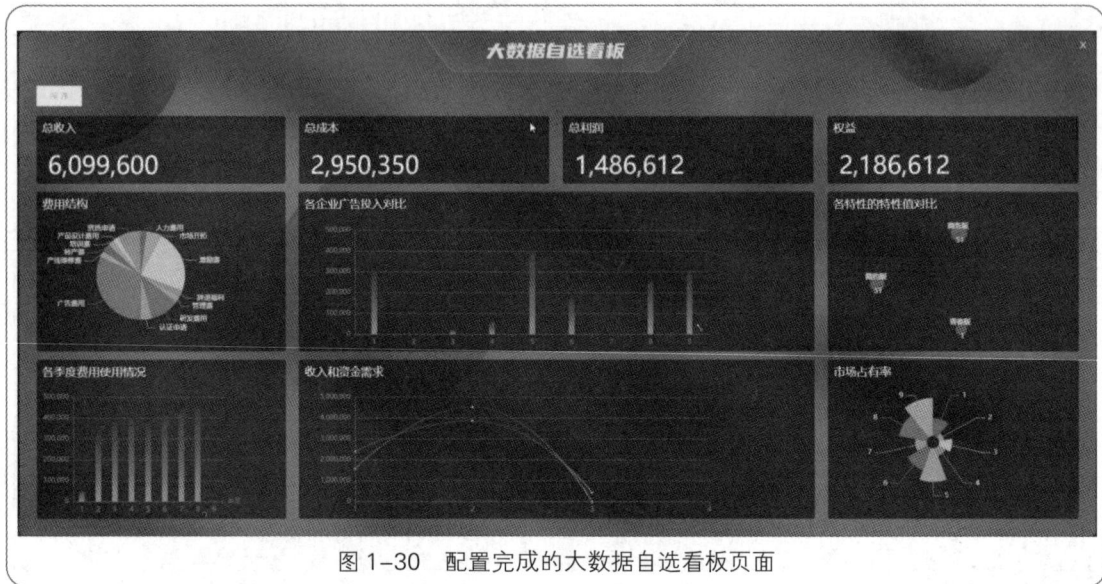

四、数智企业经营沙盘模拟第 1 年实操流程

（一）第 1 季度

1. 财务总监操作

（1）在预算控制（控）页面输入第 1 季度市场营销部、生产设计部、人力资源部预算，分别为"30 000""500 000""0"。

（2）在费用管理（费）页面支付第 1 季度管理费用。

2. 人力总监操作

在招聘管理（选）页面招聘 10 名初级工人和 5 名高级技工，效率优先。

3. 生产总监操作

（1）在设备管理（机）页面新建 5 条全自动线生产畅享系列产品。

（2）在库存管理（料）页面分别采购 230 个 CPU 和 230 个主板。

4. 营销总监操作

（1）在渠道管理（渠）页面开拓国内市场。

（2）在产品管理（产）页面研发畅享系列产品。

（3）在产品管理（产）页面认证 ISO9000 资格。

（二）第 2 季度

1. 财务总监操作

（1）在融资管理（融）页面进行长期银行融资 270 000 元。

（2）在预算控制（控）页面输入第 2 季度市场营销部、生产设计部、人力资源部预算，分别为"50 000""285 000""100 000"。

（3）在费用管理（费）页面支付第 2 季度管理费用。

微课 1-3

2. 生产总监操作

在研发管理（研）页面将简约版特性值研发至 11。

3. 营销总监操作

（1）在促销管理（促）页面为国内市场投放 50 000 元广告费。

（2）订单会开启后，在订单 4 和订单 5 中分别申报 230 个畅享系列简约版产品，申报价格等于参考价。订单会结束后全部获取订单。

4. 人力总监操作

（1）在岗位管理（用）页面查看入职工人。

（2）在激励管理（留）页面将初级工人的效率激励至 60%，高级技工的效率激励至 100%。

5. 生产总监操作

（1）在工人管理（人）页面为已经建成的 5 条全自动线配置 8 时制班次和工人，配置后每条线的实际产量均为 46。

（2）在设计管理（法）页面设计畅享系列简约版产品。

（3）在库存管理（料）页面收货，并继续订购 230 个 CPU 和 230 个主板。

（4）在设备管理（机）页面为 5 条全自动线更新 BOM 并单击"开产"按钮，开始生产畅享系列简约版产品。

6. 财务总监操作

在应付账款管理（付）页面支付原料货款。

（三）第 3 季度

1. 财务总监操作

（1）在融资管理（融）页面进行长期银行融资 340 000 元。

（2）在预算控制（控）页面输入第 3 季度市场营销部、生产设计部、人力资源部预算，分别为"0""276 000""52 500"。

（3）在费用管理（费）页面支付第 3 季度管理费用和贷款利息。

2. 人力总监操作

（1）在岗位管理（用）页面给工人统一发薪。

（2）在激励管理（留）页面将初级工人的效率激励至 60%，高级技工的效率激励至 100%。

3. 生产总监操作

（1）在工人管理（人）页面为 5 条全自动线配置 8 时制班次和工人。

（2）在库存管理（料）页面收货，并继续订购 230 个 CPU 和 230 个主板。

（3）在设备管理（机）页面将 5 条全自动线按原产品开产。

4. 财务总监操作

在应付账款管理（付）页面支付原料货款。

5. 营销总监操作

在交付管理（售）页面将 4 号订单交货。

（四）第 4 季度

1. 财务总监操作

（1）在融资管理（融）页面进行长期银行融资 550 000 元。

（2）在预算控制（控）页面输入第 4 季度市场营销部、生产设计部、人力资源部预算，分别为"0""276 000""52 500"。

（3）在费用管理（费）页面支付第 4 季度管理费用和贷款利息。

2. 人力总监操作

（1）在岗位管理（用）页面给工人统一发薪。

（2）在激励管理（留）页面将初级工人的效率激励至 60%，高级技工的效率激励至 100%。

3. 生产总监操作

（1）在工人管理（人）页面为 5 条全自动线配置 8 时制班次和工人。

（2）在库存管理（料）页面收货，并继续订购 230 个 CPU 和 230 个主板。

（3）在设备管理（机）页面将 5 条全自动线按原产品开产。

4. 财务总监操作

在应付账款管理（付）页面支付原料货款。

5. 营销总监操作

在交付管理（售）页面将 5 号订单交货。

【实训过程】

一、组建公司

（一）设立公司

学生 4 人为一组自行组建团队并设立公司，团队成员讨论确定公司名称、公司愿景及公司宣言，填写表 1-1。

表 1-1　设立公司

公司名称	公司愿景	公司宣言

（二）岗位竞聘

各小组学生根据岗位设置及岗位职责，结合自身性格特点及特长竞聘相应管理岗位并填写表 1-2。

表 1-2　岗位任职表

岗位	姓名	联系方式
营销总监		
生产总监		

岗位	姓名	联系方式
人力总监		
财务总监		

（三）绘制公司组织结构图

各小组根据公司的组织结构形式绘制组织结构图。

二、实操第 1 年沙盘

请各小组讨论确定第1年经营计划并分工合作实操第1年沙盘。

【实训总结】

请各小组成员讨论并撰写本次实训总结与心得。

项目拓展

华为的战略管理法

华为是全球领先的 ICT（Information and Communications Technology，信息通信技术）基础设施和智能终端提供企业，致力于把数字世界带入每个人、每个家庭、每个组织，构建万物互联的智能世界。华为是以长期的战略耐心、坚决的战略执行著称的高科技公司，自创立以来一直保持了良好的业绩增长势头。华为成功的背后从某种程度而言是华为战略管理的成功。

20 世纪 80 年代，改革开放和经济发展孕育出通信领域的庞大市场和需求，市场空间大，产品利润高，成立之初的华为通过代理多家公司的交换机进入通信行业。早期的华为确立"以客户为中心"的经营理念，宁愿自己多吃苦也要维护客户利益，非常重视服务，重视客户的感受，同时对供应商及时付款。华为的销售业绩慢慢有了起色，并积累了原始资本。后来，华为被交换机供应商"断货"，让华为清晰地认识到代理模式不可持续，必须构建和发展华为的核心竞争力。华为加大研发投入，向产业链的上游环节转移。1989 年，华为开始在代理产品销售的同时自主研发产品，从代理商向制造商转型。这个战略选择促使华为走上自主研发的发展之路，也让华为吸引了一批有技术、有才能、有想法的年轻人，储备了一批研发骨干和新生力量。

20 世纪 90 年代，国内电信市场上大部分是进口产品，报价高。当时国际电信巨头大部分已经进入中国，拥有雄厚的财力和先进的技术。华为这一时期的战略选择是首先进入国际电信巨头没有涉及的农村和小县城市场，从农村电信市场到城市电信市场，进行差异化的业务设计，实现国产替代。进入全球发展阶段后，华为坚持推进国际化，面向全球引入业界最佳实践，提升变革管理水平，支撑全球化运营。进入 2C 业务阶段时，华为的首要战略原则是奋力增长，只有大的战略机会才能孕育出大产业、大企业。

从目前所取得的成就往回看，华为经历了企业从小到大、从单一业务到多业务、从积极跟随者到行业领先者等一系列过程。在不同的发展时期，华为处于不同的行业背景，面临不同的关键挑战，所做出的战略选择是不同的，所采取的战略实施路径和管理变革方案是不同的，所取得的战略成果也是不同的。同样，战略管理作为一项重要职能，在适配和牵引业务发展中得以持续完善。

思考：

1. 总结华为在不同时期的战略定位和管理有何不同？

2. 查找联想的相关资料，对比不同时期华为与联想的战略选择，思考战略对于两家企业发展的影响。

中华优秀传统管理案例

田忌赛马

成语"田忌赛马"出自《史记》，主要讲的是田忌经常与齐国众公子赛马，开始田忌一直输，后来孙膑发现他们的马脚力都差不多，可分为上、中、下三等。比赛时，孙膑让田忌用下等马对付公子们的上等马，用上等马对付他们的中等马，用中等马对付他们的下等马。比了三场之后，田忌一场败而两场胜，最终赢得齐王的千金赌注。

自古以来，从军事到经济，从战争到竞争，战略都是经国济世的成功之道和企业成长的生存发展之途。在竞争愈发激烈的现代，企业战略更是决定企业竞争成败的关键与核心。

孙膑洞察到马的脚力都差不多，于是乎才有了"田忌赛马"的战略。海澜之家正是洞察到"男性消费者不喜欢逛街，但是又要体面的服装"这个冲突，才制定了打造一站式男性购物终端的战略。独角兽企业正是因为解决了消费者的巨大冲突，才能在竞争激烈的市场上脱颖而出。如果把企业经营比作自驾游，那么战略就是导航，指引企业走向正确的路。如果方向错了，尽管速度再快，也会离目的地越来越远。企业战略就是企业的"引路人"。

巩固与提高

一、不定项选择题

1. （　　）组织结构没有职能结构，从最高管理层到最低管理层，实现直线垂直领导。
   A. 直线制　　　　B. 职能制　　　　C. 直线职能制　　　　D. 事业部制
2. （　　）是用来模拟一个企业生产运营的关键环节。
   A. 地形沙盘　　　B. 建筑沙盘　　　C. 管理沙盘　　　　D. 军事训练沙盘
3. 通过对市场需求、竞争对手的调查研究，组织拟定公司的营销战略、年度销售计划及营销费用预算的是企业的（　　）。
   A. 总经理　　　　B. 营销总监　　　C. 生产总监　　　　D. 财务总监
4. 沙盘已经广泛应用于社会经济生活的各个领域，尤其是（　　）。
   A. 城市规划　　　B. 房地产开发　　C. 旅游景区　　　　D. 军事训练
5. 企业数字化包含（　　），是企业由小到大、由点到面、由局部到全貌展开的三大核心要素。
   A. 供应商　　　　B. 用户　　　　　C. 数据　　　　　　D. 资源
6. （　　）可减免纳税。
   A. 研发特性值　　B. 捐款　　　　　C. 开拓国际市场　　D. 高商誉值
7. 数智平台包括（　　）。
   A. RPA　　　　　B. 智能生产　　　C. 智能营销　　　　D. 数据可视化
8. RPA 功能包括（　　）。
   A. 智能招聘　　　B. 批量收款　　　C. 批量支付　　　　D. 批量缴费
9. 智能招聘可选择（　　）进行筛选。
   A. 效率优先　　　B. 时间优先　　　C. 薪酬优先　　　　D. 比率优先
10. （　　）页面显示当前企业总营收及世界排名。
    A. 诚信守法　　　B. 勇于创新　　　C. 一流企业　　　　D. 国际视野

二、填空题

1. 社会责任页面包括_____、_____、_____、_____和_____5个子操作。
2. _____描述了企业组织的框架体系，是企业内部各个有机构成要素相互作用的联系方式或形式。
3. 直线职能制在组织中既保持了纵向的_____，又设置了横向的_____，即在各级领导之下设置相应的职能部门分别从事专业管理。
4. 以_____为核心，是企业在数字化时代的生存"命脉"。

5. 单击数智平台操作页面的＿＿＿＿＿＿＿可查看大数据自选看板。

三、计算题

某公司在第 1 年第 3 季度捐款 20 000 元，第 1 年税前利润为 100 000 元。那么，该公司第 1 年应交税费是多少？

四、简答题

请简述直线制、职能制、直线职能制三种组织结构形式的异同。

项目二

市场营销

学习目标

知识目标：

1. 了解产品生命周期和 4P 营销策略的概念
2. 了解销售计划的编制方法
3. 了解数字营销的概念、特点及核心要素
4. 掌握营销总监操作规则，理解操作步骤及其逻辑关系

能力目标：

1. 能够熟练运用营销规则操作营销总监平台
2. 能够进行市场分析并制订企业 4P 营销策略
3. 能够熟练使用 Excel 工具制订年度销售计划

素质目标：

1. 树立正确的营销观
2. 培养分析、规划及沟通协作能力
3. 培养共赢理念，树立诚信原则，遵守职业道德

项目导学

十年磨一剑，C919 逐梦成功

党的二十大报告指出："坚持把发展经济的着力点放在实体经济上，推进新型工业化，加快建设制造强国、质量强国、航天强国、交通强国、网络强国、数字中国。"实施产业基础再造工程和重大技术装备攻关工程，支持专精特新企业发展，推动制造业高端化、智能化、绿色化发展。

2023 年 5 月 28 日，从上海虹桥国际机场到北京首都国际机场，国产大飞机 C919 完成了它的商业首航。早在 2017 年 5 月，C919 就顺利完成了它的首飞。首飞指的是这架飞机已经具备飞行能力，而首航指的是它可以正式投入民航使用。假如把飞机比作一个人，首飞就相当于出生，而首航就相当于成人礼。首航成功，不仅标志着中国的高端制造能力又往前迈进了一大步，同时也意味着世界航空产业的市场格局即将发生重大变革。

市场在一定程度上决定着生产。就世界民航市场而言，按照专业机构的测算，未来 20 年，全球将交付超过 40 000 架飞机，总价值在 3 万亿美元左右。之前，全世界具备同等载客能力的飞机，只有空客和波音。任何国家想要大飞机，都只能从这两家企业购买，垄断必然会形成高价。而现在，全球市场有了第三个选择，即中国商飞的 C919。就国内市场而言，中国是世界第

二大航空市场。波音公司曾经做过分析，2022年到2041年，预计中国累计需要8 485架飞机，整个市场的总价值将超过1.4万亿美元，届时中国的民航飞机，将占全球的20%，成为第一大民航单一航空市场。

　　C919是中国拥有完整自主知识产权的国产大型客机，国内有22个省份、200多家企业和36所高校参与了C919的研制，这些地区、企业和高校都将成为直接的获益者。国产大飞机的研发投产，既是对我国科技兴国战略的落实，也是对产业市场的深度分析和洞察。

　　在本项目中，我们将进行产品生命周期、4P营销策略、销售计划等市场营销理论的学习，并将其应用于实操项目中。

知识准备

一、市场营销

（一）产品生命周期

　　每一种产品都会经历一定的生命周期，即产品产生并在经历若干阶段后随着另一种能为消费者创造更高价值的新产品的出现而最终走向衰亡。这种产品生命周期带来了两个主要的挑战：第一，由于所有的产品最终都会消亡，企业必须善于开发新产品以替代过时的产品（即新产品开发的挑战）；第二，企业必须擅长在产品生命周期的各个阶段，根据不断变化的消费者品位、技术及竞争压力来相应地调整营销战略（即产品生命周期的挑战）。

　　一个典型的产品生命周期曲线，如图2-1所示，包括产品在整个周期内的销售和利润情况。产品生命周期可以分为5个不同阶段。

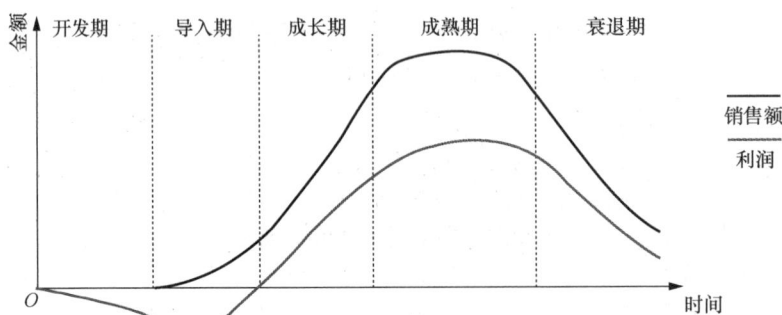

图2-1　产品生命周期曲线

　1. 开发期

　　开发期是指企业找到新产品构思并进行研究开发的时期。在产品开发过程中，销售为零，并且需要投入大量的资金。在当今快速变化的环境中，许多公司的增长主要依赖新产品。

　2. 导入期

　　导入期是指新产品被引入市场、销售缓慢增长的时期。在这一时期，由于新产品引入市场需要巨额的推广和分销费用，企业几乎没有利润。

　3. 成长期

　　成长期是指产品被市场迅速接受，并且利润大幅增长的时期。在这一阶段，随着不断扩大的销量分摊了广告费用，单位制造成本下降，利润有所增长。

4.成熟期

成熟期是由于大多数潜在购买者已经接受并购买产品，造成销售增长放缓的时期。这一时期，企业可以改进产品的特性，也可以降低价格以吸引新的顾客，还可以进入新的营销渠道为新用户提供服务。

5.衰退期

衰退期是指销售和利润不断下滑的时期。大多数产品最终都会走向衰退。经营一种衰退的产品对企业来说代价很大，不仅因为利润下滑，还因为会有很多隐性成本。企业必须识别处于衰退期的产品，决定是维持现状还是放弃。

（二）4P营销策略

1967年，菲利普·科特勒在其畅销书《营销管理：分析、计划、执行和控制》中进一步确认了以4P为核心的营销组合策略，具体介绍如下。

1.产品（Product）

注重产品功能的开发，要求产品有独特的卖点，把产品的功能诉求放在第一位。

2.价格（Price）

根据不同的市场定位，制定不同的价格策略。产品的定价依据是企业的品牌战略，注重品牌的含金量。

3.渠道（Place）

企业并不直接面对消费者，而是注重经销商的培育和销售网络的建立，企业与消费者的联系是通过经销商来进行的。

4.宣传（Promotion）

很多人将Promotion狭义地理解为"促销"，其实是很片面的。Promotion应当包括品牌宣传（广告）、公关、促销等一系列营销行为。

（三）销售计划

销售计划是指导企业在计划期内进行产品销售活动的计划，它规定了企业在计划期内产品销售的品种、数量、价格、渠道、收入、费用、利润等。它是企业编制生产计划和财务计划的重要依据。企业的销售计划，是在进行市场调查和预测、摸清市场需求和企业生产可能的基础上，根据需求预测资料等，由销售部门或由销售部门会同生产部门来编制的。

二、数字营销与企业数字化

（一）数字营销的概念及特点

在全球数字化经济背景下，伴随着大数据、移动互联网、云计算和通信技术的发展，企业经营模式不断发生变化，企业越来越多地使用现代技术来实现营销目标，由此催生出"数字营销"这一营销策略。数字营销也成为一种全球性的营销战略。

美国营销协会对数字营销的定义是：数字营销是利用数字技术手段进行营销，以满足客户需求、提升品牌价值和实现营销目标的过程。可见，数字营销不仅仅是技术手段的革命，还包括了更深层的观念革命，它与目标营销、直接营销、分散营销、客户导向营销、双向互动营销、虚拟营销、无纸化交易和客户参与式营销等综合在一起，赋予了营销新的内涵。在数字经济时代，数字营销已成为企业重要的营销方式之一。

数字营销具有实时性、数字化、个性化、创新性和高效低成本性等特点。这些特点全都基于数字技术的发展，其中，创新性主要体现在渠道创新、内容创新、个性化创新以及互动创新等方面。

（二）数字营销的核心要素

随着数字技术的进步，数字经济飞速发展，数字营销也越来越成为企业数字化转型中最主要的营销手段。数字营销主要围绕内容生产、数据驱动和触点赋能来进行。

1. 内容生产

内容生产主要关注用户的信息偏好，有针对性地解决内容供给的问题。在数字技术背景下，企业与用户之间的屏障被打破，生产内容和传播由传统营销中的单向传播变为现在的双向传播。随着通信技术、互联网络和数字交互式媒体技术的不断兴起，营销内容的生产和传播渠道趋于多样化，能够满足各类用户的差异性需求。

2. 数据驱动

数据驱动是在数字技术的基础上，对企业的生产、经营和管理数据进行收集和分析，帮助企业做出更高质量的营销决策，从而实现精准的数字营销。

相比传统的营销而言，数字营销对数据的分析不同于传统营销中分散、碎片化的分析，而是通过建立数据管理平台和客户数据平台进行数据收集、积累、沉淀和分析。此外，在数字营销中还可以运用统计分析、回归分析、算法策略、Web 页挖掘和可视化工具等对数据进行全方位挖掘，实现数字营销自动化。

3. 触点赋能

触点赋能是指针对各类用户的选择、购买和决策偏好，在不同触点上有效地促进用户决策。在传统营销中，用户的触点主要以线下为主，如活动宣传、名片推广、广告宣传等，会出现形式刻板、内容单一、资源浪费和效率低下等问题。随着数字平台的产生和发展，用户触点变得更加多样，数字营销变得越来越受欢迎。数字营销主导的营销方式主要包括搜索引擎优化、社交媒体营销、付费点击、电子邮件营销、联盟营销和内容营销等形式。这些营销方式都依赖于数字营销背后的数据监测、用户标签和人群画像等内容。

随着数字技术的发展以及用户偏好的不断变化，数字营销也逐渐朝着多学科介入、多专业纵深发展及多功能延伸的方向发展，成为企业数字化转型中不可或缺的一部分。由此可见，在数字化时代，数字营销已经成为企业获取市场份额和提升营销力的核心战略之一。

项目实训

【实训准备】

一、营销总监操作规则

进入沙盘首页，单击页面右边的"销"图标，进入营销总监操作页面（见图 2-2）。页面右侧有 5 个子操作，分别为"渠""产""促""竞""售"。这 5 个子操作的具体内容分别为"渠道管理""产品管理""促销管理""竞单管理"和"交付管理"。

图 2-2 营销总监操作页面

（一）渠道管理

在营销总监操作页面单击"渠"图标，进入渠道管理页面（见图 2-3）。渠道管理包括"渠道规则"和"渠道管理"两个栏目。

微课 2-1

图 2-3 渠道管理页面

1. 销售渠道

企业可选择的销售渠道有 3 个市场，分别为国内市场、亚洲市场①和欧洲市场。

---

① 这里的亚洲市场是指除中国以外其他亚洲国家或地区的市场。

2. 开拓周期

以投入资金的季度开始计时，经过开拓周期之后方可完成市场开拓。开拓完成后系统自动授予市场资质，企业获得市场资质后才可以在该市场销售产品。3 个市场的开拓周期分别为：国内市场 1 季度、亚洲市场 3 季度、欧洲市场 4 季度（见图 2-3）。

【HW 公司案例】

HW 公司在第 1 年第 1 季度开拓 3 个市场，那么 3 个市场的开拓期均为第 1 年第 1 季度，国内市场的完成期为第 1 年第 2 季度，亚洲市场为第 1 年第 4 季度，欧洲市场为第 2 年第 1 季度（见图 2-4）。

渠道管理					
序号	渠道名称	状态	开拓期	完成期	操作
1	Ⓜ 国内市场	开拓中	1年1季度	1年2季度	
2	Ⓜ 亚洲市场	开拓中	1年1季度	1年4季度	
3	Ⓜ 欧洲市场	开拓中	1年1季度	2年1季度	

图 2-4 渠道开拓期及完成期

3. 开拓资金

开拓市场需要支付资金，且资金一次性扣除，其间无法中断或加速。国内市场的开拓资金为 10 000 元，亚洲市场为 10 000 元，欧洲市场为 30 000 元（见图 2-3）。

【HW 公司案例】

HW 公司第 1 年第 1 季度开拓 3 个市场。3 个市场的初始状态为"未开拓"（见图 2-5），单击"开拓"按钮，状态更新为"开拓中"（见图 2-6），到期后状态更新为"已开拓"（见图 2-7）。

渠道管理					
序号	渠道名称	状态	开拓期	完成期	操作
1	Ⓜ 国内市场	未开拓			开拓
2	Ⓜ 亚洲市场	未开拓			开拓
3	Ⓜ 欧洲市场	未开拓			开拓

图 2-5 渠道尚未开拓

渠道管理					
序号	渠道名称	状态	开拓期	完成期	操作
1	Ⓜ 国内市场	开拓中	1年1季度	1年2季度	
2	Ⓜ 亚洲市场	开拓中	1年1季度	1年4季度	
3	Ⓜ 欧洲市场	开拓中	1年1季度	2年1季度	

图 2-6 渠道开拓中

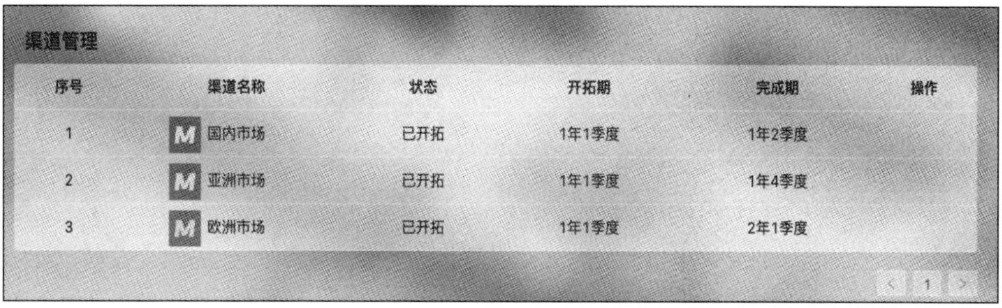

图 2-7　渠道开拓完成

（二）产品管理

在营销总监操作页面单击"产"图标，进入产品管理页面（见图 2-8）。产品管理包括"产品资质规则""产品资质状态""ISO 认证规则"和"ISO 认证状态"4 个栏目。

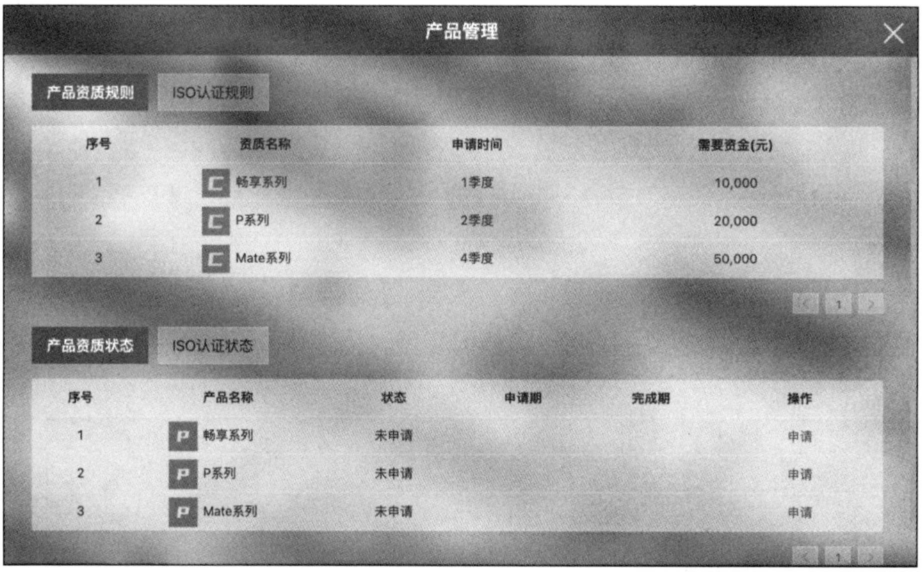

微课 2-2

图 2-8　产品管理页面

1. 产品资质

企业可研发 3 种产品，分别为畅享系列、P 系列和 Mate 系列（见图 2-8）。

2. 产品申请时间

企业研发产品时，从投入资金的季度开始计时，经过一段时间（即申请时间）之后完成研发。投资研发到期后，系统自动授予产品资质。获得产品资质后，生产线才可以开工生产。畅享系列的申请时间为 1 季度，P 系列为 2 季度，Mate 系列为 4 季度（见图 2-8）。

> 【HW 公司案例】
>
> 　　HW 公司在第 1 年第 1 季度研发 3 种产品，那么 3 种产品的申请期均为第 1 年第 1 季度，畅享系列的完成期为第 1 年第 2 季度，P 系列为第 1 年第 3 季度，Mate 系列为第 2 年第 1 季度（见图 2-9）。

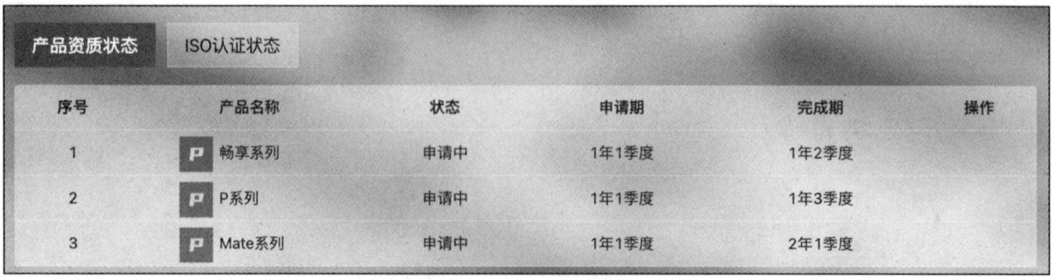

图 2-9　产品资质申请期及完成期

3．产品研发资金

产品研发需要消耗资金，且资金一次性扣除，其间无法中断或加速。畅享系列研发资金为 10 000 元，P 系列为 20 000 元，Mate 系列为 50 000 元（见图 2-8）。

📖【HW 公司案例】

HW 公司在第 1 年第 1 季度研发 3 种产品。产品的初始状态为"未申请"（见图 2-10），单击"申请"按钮，状态更新为"申请中"（见图 2-11），到期后状态更新为"已申请"（见图 2-12）。

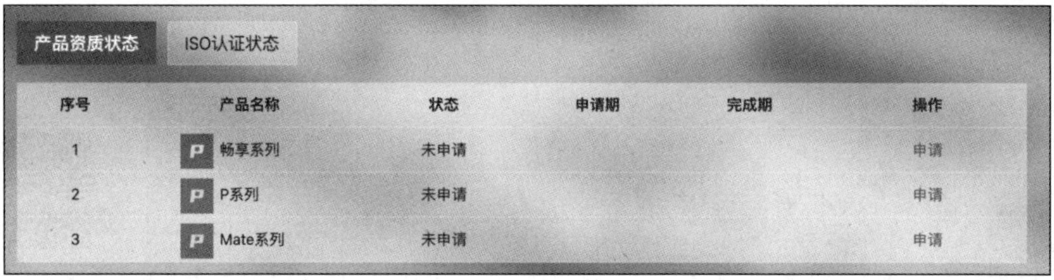

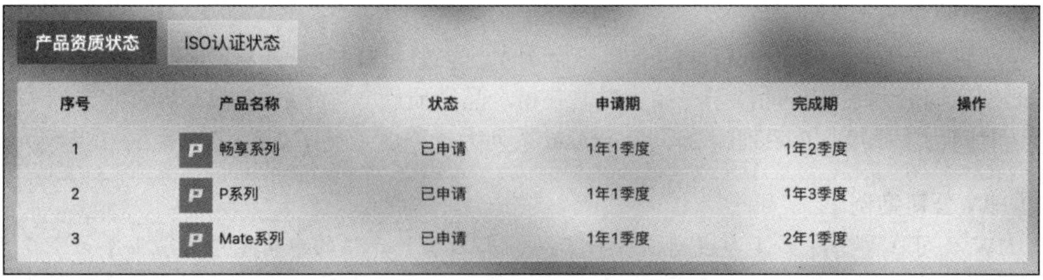

图 2-10　产品研发尚未申请

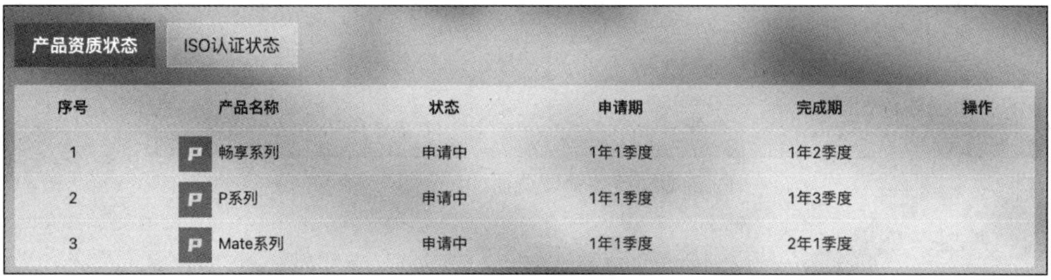

图 2-11　产品研发中

图 2-12　产品研发完成

4. ISO 认证

企业可进行 3 种 ISO 认证，分别为 ISO9000、ISO14000 和 ISO26000（见图 2-13）。

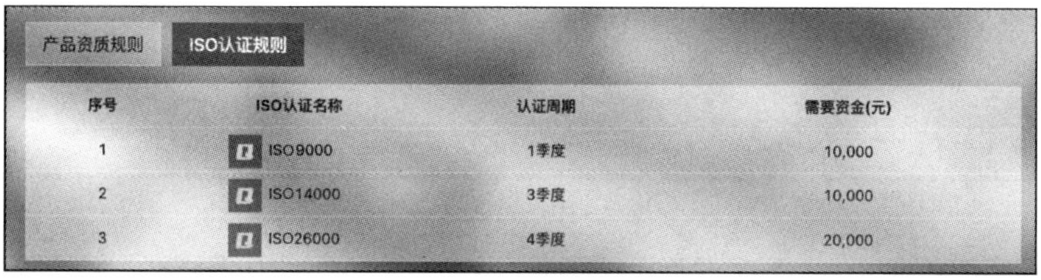

产品资质规则　ISO认证规则

序号	ISO认证名称	认证周期	需要资金(元)
1	ISO9000	1季度	10,000
2	ISO14000	3季度	10,000
3	ISO26000	4季度	20,000

图 2–13　ISO 认证规则

5. ISO 认证周期

企业进行 ISO 认证时，从投入资金的季度开始计时，经过一段时间（即认证周期）后完成认证。投资认证到期后，系统自动授予 ISO 认证资质。只有获得认证资质，企业才可以选取该类订单。ISO9000 的认证周期为 1 季度，ISO14000 为 3 季度，ISO26000 为 4 季度（见图 2-13）。

【HW 公司案例】

HW 公司在第 1 年第 1 季度认证 3 种 ISO 资格，那么申请期均为第 1 年第 1 季度，ISO9000 的完成期为第 1 年第 2 季度，ISO14000 为第 1 年第 4 季度，ISO26000 为第 2 年第 1 季度（见图 2-14）。

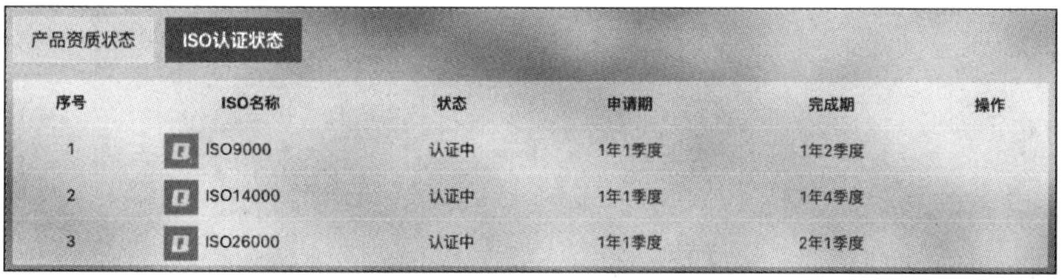

产品资质状态　ISO认证状态

序号	ISO名称	状态	申请期	完成期	操作
1	ISO9000	认证中	1年1季度	1年2季度	
2	ISO14000	认证中	1年1季度	1年4季度	
3	ISO26000	认证中	1年1季度	2年1季度	

图 2–14　ISO 认证申请期及完成期

6. ISO 认证资金

认证 ISO 的资金一次性扣除，其间无法中断或加速。ISO9000 的认证资金为 10 000 元，ISO14000 为 10 000 元，ISO26000 为 20 000 元（见图 2-13）。

【HW 公司案例】

HW 公司在第 1 年第 1 季度认证 3 种 ISO 资格。3 种资格的初始状态均为“未认证”（见图 2-15），单击“认证”按钮，状态更新为“认证中”（见图 2-16），到期后状态更新为“已认证”（见图 2-17）。

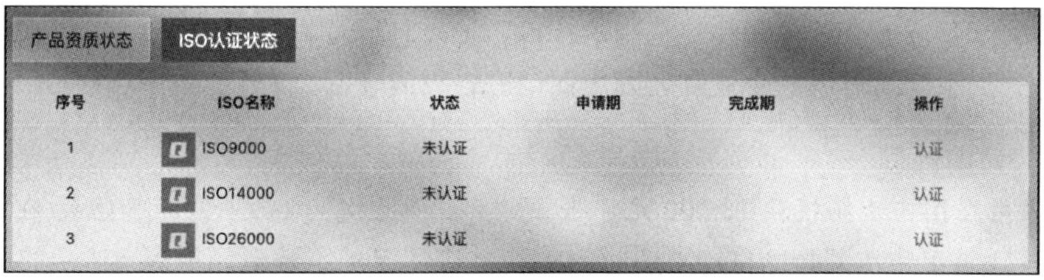

产品资质状态　ISO认证状态

序号	ISO名称	状态	申请期	完成期	操作
1	ISO9000	未认证			认证
2	ISO14000	未认证			认证
3	ISO26000	未认证			认证

图 2–15　ISO 尚未认证

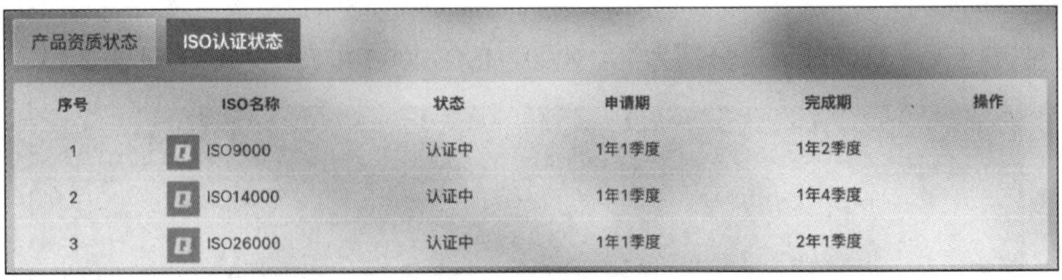

图 2-16　ISO 认证中

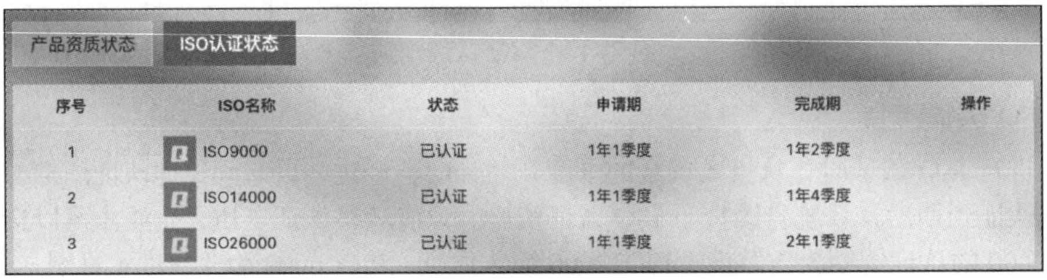

图 2-17　ISO 认证完成

（三）促销管理

在营销总监操作页面单击"促"图标，进入促销管理页面（见图 2-18）。促销管理包括"广告投放"一个栏目。

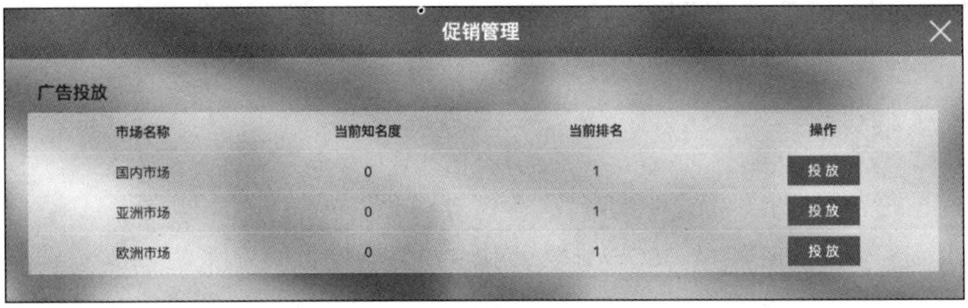

图 2-18　促销管理页面

微课 2-3

1. 促销广告

促销广告用于提升某一市场的企业知名度。促销广告可在竞单前任意时间投放，有效期仅用于一次竞单，竞单后企业知名度归零，竞单时无法投放。促销广告分市场投放，每个市场投放的广告只影响本市场当季度的企业知名度得分。促销广告可在竞单开始前多次投放，总额度依次累计叠加。

2. 企业知名度

企业知名度是计算分单得分的一个因素，得分越高者，越有选单的优先权。越靠前选单的企业，越容易分到想要的订单。企业知名度用促销广告投放金额代表。

📖【HW 公司案例】

HW 公司在国内市场投放 10 000 元广告费。单击"投放"按钮（见图 2-18），在打开的"广告投放"对话框中输入"10 000"（见图 2-19），单击"确定"按钮，则国内市场的当前知名度为 10 000（见图 2-20），当前排名为第 1。

图 2-19　输入促销广告投放金额

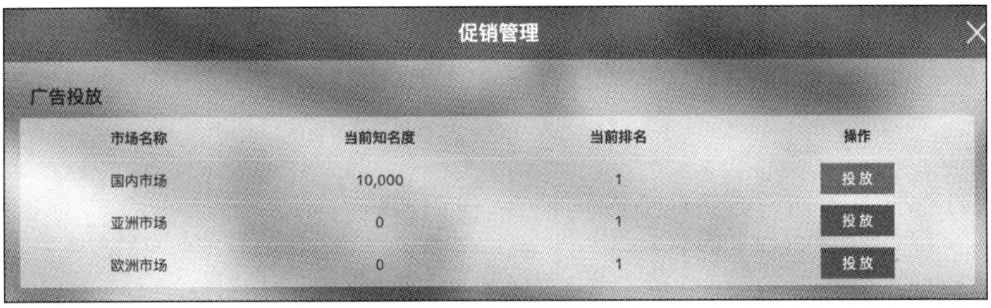

图 2-20　促销广告投放完成

（四）竞单管理

在营销总监操作页面单击"竞"图标，进入竞单管理页面（见图 2-21），该页面展示本轮竞单。

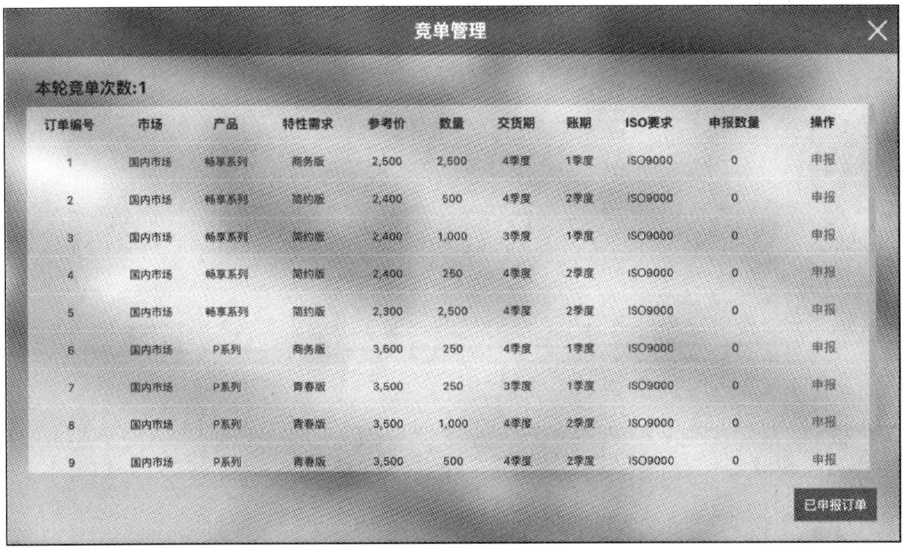

图 2-21　竞单管理页面

微课 2-4

1.订单申报

投放促销广告后进入竞单阶段，企业可同时进行所有市场、产品的订单申报。所有岗位均可进行任何市场的订单申报，当多次对一张订单进行申报时，系统只接受最新一次申报的产品数量。在申报数量中输入 0，可以取消申报的订单。

📖【HW 公司案例】

HW 公司在国内市场申报 100 个畅享系列商务版产品。经分析，计划在编号为 1 的订单中申报，单击"申报"按钮（见图 2-21），在打开的"申报"对话框中输入申报数量"100"和申报报价"2 500"（见图 2-22），单击"确定"按钮，那么申报数量就会显示"100"（见图 2-23）。单击"已申报订单"按钮（见图 2-23），可以看到该订单的信息（见图 2-24），表示该订单申报成功。

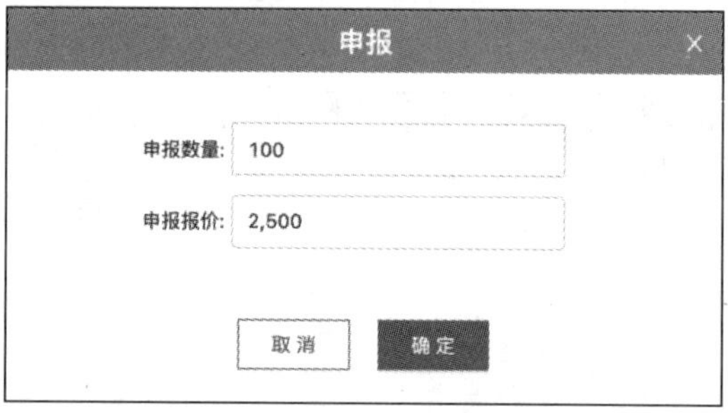

图 2-22　输入申报数量及报价

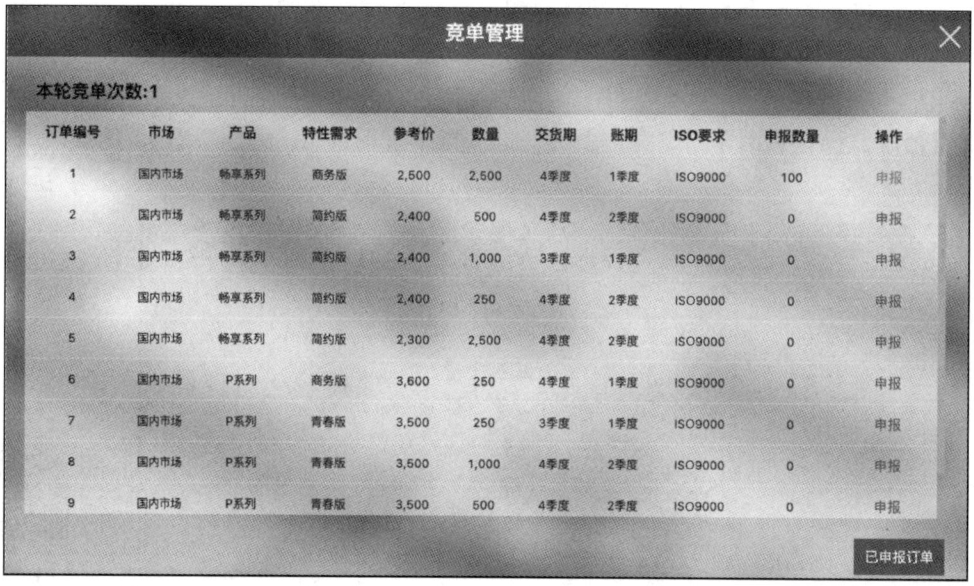

图 2-23　申报完成

图 2-24　订单申报成功

2．入围条件

企业申报订单需要满足 3 个条件：①企业有订单要求的市场资质；②企业有订单要求的 ISO 资质；③企业报价未超过参考价。只有满足这 3 个条件，才能申报成功。

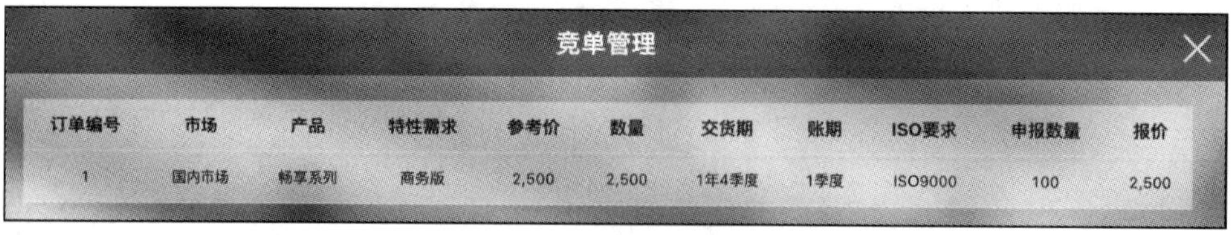

> 📖【HW 公司案例】
>
> HW 公司在申报 1 号订单时需要拥有国内市场资质、ISO9000 资质，且申报报价不得超过 2 500 元（见图 2-23）。

3. 企业竞单得分

企业竞单得分 Y=企业知名度（等同于促销广告）+市场占有率（初始值为 1）×商誉值×（参考价-报价）+1 000×特性值（即生产管理特性研发值）

> 📖【HW 公司案例】
>
> HW 公司在国内市场为畅享系列商务版产品投放 10 000 元促销广告费，市场占有率为 70%，商誉值为 100，订单报价为 2 400 元，订单参考价为 2 500 元，商务版当前特性值为 100。
>
> 则：企业竞单得分 Y=10 000+70%×100×（2 500-2 400）+1 000×100=117 000

4. 订单分配规则

（1）得分最高的队伍可以获得所申报的全部数量。

（2）按照排名顺次分配，直到数量不足。

（3）当所剩数量不足时，只分配剩余数量。

（4）N 组分数相同时，分配顺位相同，当剩余数量 A 不满足其申报数量时，抽取其中最小的申报数量 M，每队分配 M 数量；若 A 小于 MN，则每队分配 A/N（向下取整）的订单。

> 📖【HW 公司案例】
>
> 国内市场某订单产品需求量为 2 500，共有 5 家企业竞单。这 5 家企业的竞单得分及申报数量如表 2-1 所示。
>
> 表 2-1 各企业竞单得分及申报数量
>
> | 企业 | 得分 | 申报数量 |
> | --- | --- | --- |
> | 1 | 117 000 | 100 |
> | 2 | 100 000 | 1 000 |
> | 3 | 90 000 | 900 |
> | 4 | 90 000 | 800 |
> | 5 | 80 000 | 300 |

如表 2-1 所示，排名第 1 的企业竞单得分为 117 000，申报数量为 100；排名第 2 的企业竞单得分为 100 000，申报数量为 1 000；排名第 3 的企业竞单得分为 90 000，申报数量为 900；排名第 4 的企业竞单得分为 90 000，申报数量为 800；排名第 5 的企业竞单得分为 80 000，申报数量为 300。

那么，排名第 1 的企业申报的 100 个（<2 500）产品全部得单；排名第 2 的企业申报的 1 000 个（<2 400）产品全部得单；排名第 3 和排名第 4 的企业得分相同，订单剩余产品数量 A=1 400，小于两家公司的订单申报数量之和 1 700（即 900+800），两家公司的最小订单申报量 M=800，A 小于 1 600（即 2×800），则每队分配 A/N=1 400/2=700，即两队最终分别分配 700 个产品，且此时所有产品已分配完；排名第 5 的企业无法获得订单。

（五）交付管理

在营销总监操作页面单击"售"图标，进入交付管理页面（见图 2-25）。交付管理包括"经销商订单"一个栏目。

微课 2-5

图 2-25　交付管理页面

1. 订单得单

企业在竞单管理中申报的订单完成分配后，企业所获取的订单显示在交付管理的"经销商订单"中。当年分配的所有订单均可在此查询，且显示"交货"状态（见图 2-26）。

ID	订单编号	市场	产品	特性需求	总价	数量	交货期	账期	ISO要求	成本	操作
1	1	国内市场	畅享系列	商务版	250,000	100	4季度	1季度	ISO9000	0	交货

图 2-26　订单得单

2. 交货

所有订单必须在订单规定的交货期前按照订单规定的数量交货，订单不能拆分交货。交货时，系统会自动判断符合条件的产品是否充足。库存充足则扣除相应的产品库存，并完成交货操作，该笔收入形成应收账款。

📖【HW 公司案例】

HW 公司在第 1 年第 3 季度交货。选择可以交货的订单 1，单击"交货"按钮（见图 2-26）。产品库存中一共有 100 个畅享系列商务版产品（见图 2-27），可以完成交货。交货后，该订单显示"已交货"且列示成本"133 980"（见图 2-28）。这笔 250 000 元的订单货款形成一笔应收账款，列示在财务总监的应收账款管理页面（见图 2-29）。

原料订单	原料库存	产品库存					
编号	产品名称	产品特性	数量	入库日期	价值	操作	
1	畅享系列	商务版	50	1年3季度	67,545	出售	
2	畅享系列	商务版	50	1年3季度	66,435	出售	

图 2-27　产品库存

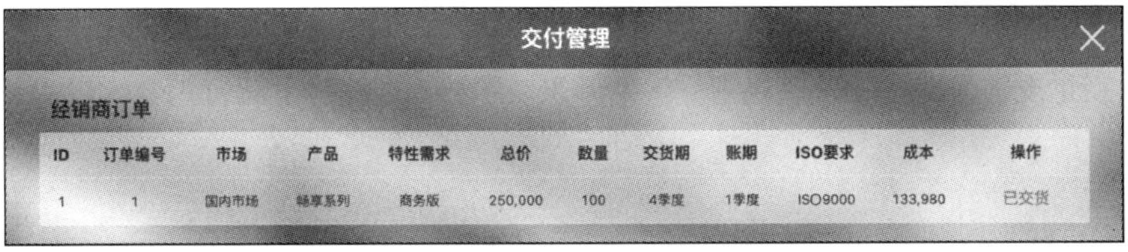

图 2-28 交货成功

图 2-29 应收账款信息

3. 违约

交货期若库存不足，则无法交货，会造成订单违约。订单违约将产生违约金，且扣除 1 点商誉。

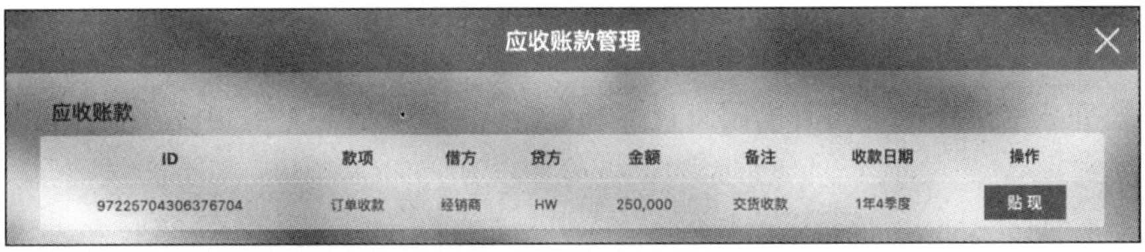

【HW 公司案例】

HW 公司在第 1 年第 4 季度因库存不足无法交货，那么该订单显示"违约"（见图 2-30）。

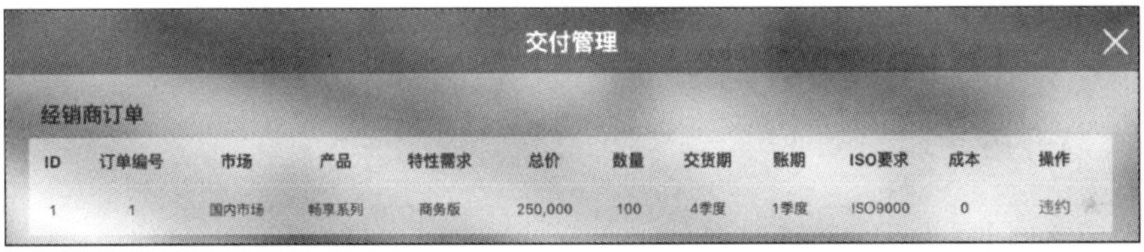

图 2-30 订单违约

二、市场调研规则

进入沙盘首页，单击页面右下角的"市场调研"图标，进入市场调研页面（见图 2-31）。市场调研页面展示各年度市场需求预测数据。营销总监依据调研数据进行市场分析，并与团队共同制订年度销售计划。

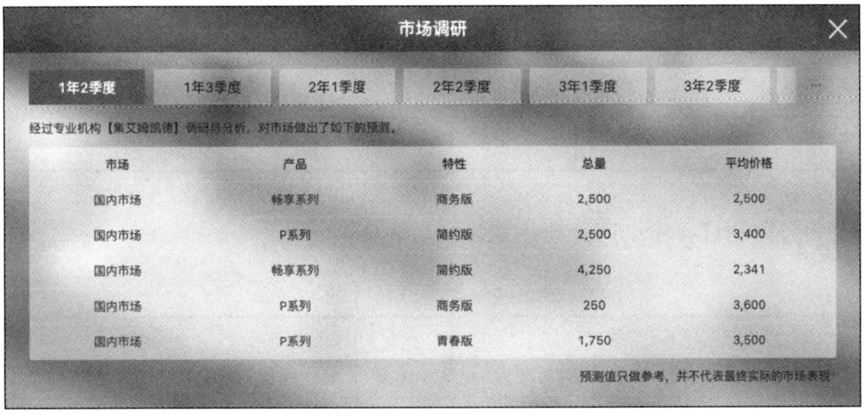

图 2-31 市场调研页面

三、营销数字化规则

营销数字化规则为本科版平台规则，学生可拓展学习，进一步了解营销数字化的发展方向。

【实训过程】

一、制定 4 年 4P 营销策略

营销总监完成对所在行业的市场调研及市场分析，为公司制定 4 年 4P 营销策略，填写表 2-2。

表 2-2　4 年 4P 营销策略

4P	第 1 年	第 2 年	第 3 年	第 4 年
产品+特性				
渠道				
定价				
促销				

二、制订 4 年研发认证计划

（一）渠道开拓计划

> 📖【HW 公司案例】
>
> HW 公司在第 1 年第 1 季度开拓亚洲市场，渠道开拓计划如表 2-3 所示：在"亚洲市场"对应的第 1 季度空格里填写开拓资金"10 000"，第 2、3 季度用"—"表示开拓中，开拓前和开拓后均不填写内容。
>
> 表 2-3　HW 公司渠道开拓计划　　　　　　　　　　　　　单位：元
>
> | 市场 | 第 1 年 | | | |
> |---|---|---|---|---|
> | | 第 1 季度 | 第 2 季度 | 第 3 季度 | 第 4 季度 |
> | 国内市场 | | | | |
> | 亚洲市场 | 10 000 | — | — | |
> | 欧洲市场 | | | | |

营销总监为公司制订 4 年渠道开拓计划，填写表 2-4。

表 2-4　渠道开拓计划　　　　　　　　　　　　　单位：元

市场	第 1 年				第 2 年			
	第 1 季度	第 2 季度	第 3 季度	第 4 季度	第 1 季度	第 2 季度	第 3 季度	第 4 季度
国内市场								

续表

市场	第1年				第2年			
	第1季度	第2季度	第3季度	第4季度	第1季度	第2季度	第3季度	第4季度
亚洲市场								
欧洲市场								

市场	第3年				第4年			
	第1季度	第2季度	第3季度	第4季度	第1季度	第2季度	第3季度	第4季度
国内市场								
亚洲市场								
欧洲市场								

（二）产品研发计划

营销总监为公司制订4年产品研发计划，填写表2-5（表格填写方式参见"渠道开拓计划"）。

表2-5　产品研发计划 单位：元

产品	第1年				第2年			
	第1季度	第2季度	第3季度	第4季度	第1季度	第2季度	第3季度	第4季度
畅享系列								
P系列								
Mate系列								

产品	第3年				第4年			
	第1季度	第2季度	第3季度	第4季度	第1季度	第2季度	第3季度	第4季度
畅享系列								
P系列								
Mate系列								

（三）ISO认证计划

营销总监为公司制订4年ISO认证计划，填写表2-6（表格填写方式参见"渠道开拓计划"）。

表2-6　ISO认证计划 单位：元

认证标准	第1年				第2年			
	第1季度	第2季度	第3季度	第4季度	第1季度	第2季度	第3季度	第4季度
ISO9000								
ISO14000								
ISO26000								

认证标准	第3年				第4年			
	第1季度	第2季度	第3季度	第4季度	第1季度	第2季度	第3季度	第4季度
ISO9000								
ISO14000								
ISO26000								

三、制订订单申报计划

营销总监根据公司 4 年 4P 营销策略，分析本年经销商订单数据，制订年度订单申报计划，填写表 2-7。

表 2-7　订单申报计划

产品	特性	订单编号	参考价/元	数量/个	交货期/季度	账期/季度	申报数量/个	申报价格/元	市场	认证标准
第 1 年第 2 季度										
第 1 年第 3 季度										
第 2 年第 1 季度										
第 2 年第 2 季度										
第 3 年第 1 季度										
第 3 年第 2 季度										
第 4 年第 1 季度										
第 4 年第 2 季度										

四、制订促销广告投放计划

📖【HW 公司案例】

　　HW 公司第 1 年第 2 季度在国内市场投入 100 000 元促销广告，促销广告投放计划如表 2-8 所示：在"国内市场"对应的第 2 季度空格里填写"100 000"，其他空格不填写。

表 2-8　HW 公司促销广告投放计划　　　　　　　　　　　　　　　　单位：元

市场	第 1 年			
	第 1 季度	第 2 季度	第 3 季度	第 4 季度
国内市场		100 000		
亚洲市场				
欧洲市场				

　　营销总监分析市场竞争环境，制订年度促销广告投放计划，填写表 2-9。

表 2-9　促销广告投放计划　　　　　　　　　　　　　　　　单位：元

市场	第 1 年				第 2 年			
	第 1 季度	第 2 季度	第 3 季度	第 4 季度	第 1 季度	第 2 季度	第 3 季度	第 4 季度
国内市场								
亚洲市场								
欧洲市场								

市场	第 3 年				第 4 年			
	第 1 季度	第 2 季度	第 3 季度	第 4 季度	第 1 季度	第 2 季度	第 3 季度	第 4 季度
国内市场								
亚洲市场								
欧洲市场								

五、填写年度订单登记表

　　订单得单后按订单信息填写表 2-10。

表 2-10　订单登记表

订单编号	市场	产品	特性	总价/元	数量/个	交货期/季度	账期/季度	认证标准	成本/元	实际交货季度	实际到账季度
第 1 年											
合计											
第 2 年											
合计											

续表

订单编号	市场	产品	特性	总价/元	数量/个	交货期/季度	账期/季度	认证标准	成本/元	实际交货季度	实际到账季度
第3年											
合计											
第4年											
合计											

六、按计划实操沙盘

请各组营销总监按照各年年度计划，配合其他部门实操沙盘。

【实训总结】

请各组营销总监撰写各年经营总结。

（空白框）

项目拓展

在不确定中寻找"里程碑"，从销售计划的制订看华为的营销智慧

公司一般是在年初制订自己的销售计划，但做出一个真正有指导意义的计划很难。如今

的市场环境变化很快，年初制订的计划很可能过一个季度就不适用了，华为是怎么解决这个问题的呢？

华为的项目流程一般包含 3 个部分：项目目标、组织保障和里程碑（见图 2-32）。其中，项目目标又包括战略目标、项目目标、总体策略和项目计划。比如中国移动公司招标 5G 设备集采，对于华为是重大项目，目标设定上就会提出市场份额目标，确保哪些区域要拿到，哪些区域要尽力争取等。

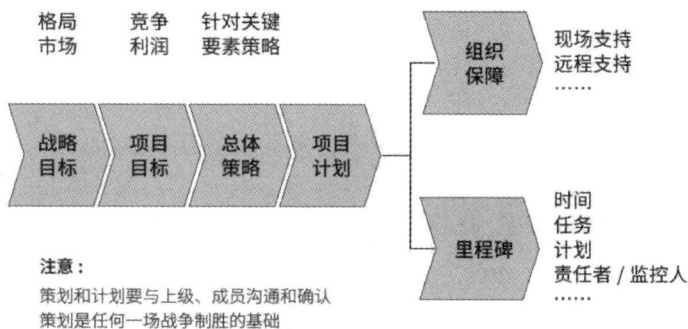

图 2-32　项目流程图

那么，组织保障和里程碑又是怎样的呢？要了解这两件事，就要看下面这张甘特图（一种用来直观表示进度计划的条形图工具），华为把它叫作项目里程碑规划图（见图 2-33），相当于具体的作战计划。

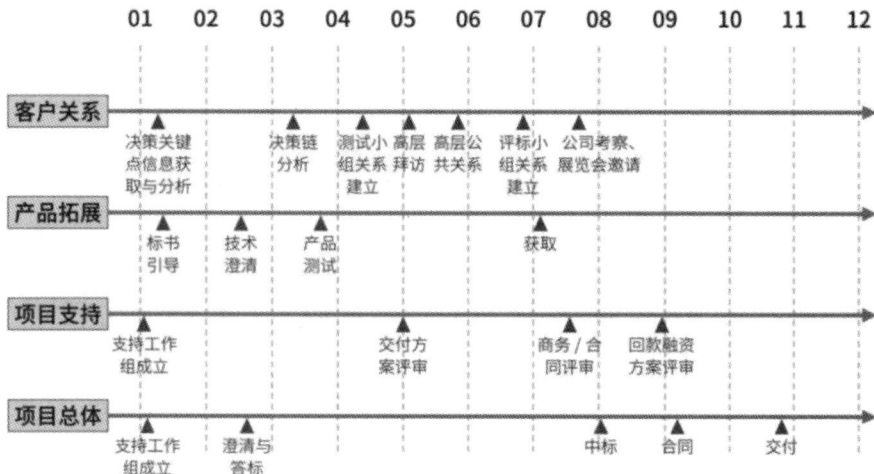

图 2-33　项目里程碑规划图

首先，这张图按照时间顺序列出了一系列夺取项目的重要节点。图 2-33 中有 4 条线，除了第 1 条是销售部门维护客户关系的时间线，其他 3 条都是给协作部门列的，分别是"产品拓展""项目支持"和"项目总体"。各条线列出了后方支持部门的里程碑动作，比如说"合同评审""交付"等。华为把一系列需要努力才能达成的事情，都当作销售计划中的里程碑。华为没有把销售目标看作简单的数值，而是看作一个进度条。通过认真观察你会发现，很多节点看上去都不是传统的销售节点，而是市场节点或者研发节点。销售不只是销售部门的事，项目每推进一步，研发部门、技术部门、后勤部门都知道该如何配合。

在华为，年度计划的制订，远比计划书本身要重要。全公司的产品线、各个销售区，都要汇报上一年的销售业绩，再制订下一年的销售计划。这个过程解决的不只是具体问题，还有在内部对齐公司战略的问题。所有部门要对战略高地、主打方向、哪些产品要突破、主要竞争对手是谁、竞争策略是什么等问题达成共识，利用做计划来促进沟通。

从上述案例我们可以看出华为制订销售计划的智慧。你会发现，同样是面对不确定性，华为的思路是把确定性高的动作转化为里程碑，用里程碑去推动其他部门的支持，推动公司上下的沟通，进而推动目标的达成。

思考：

1. 查找资料，了解华为的组织结构及销售部门在整个组织结构中的位置和权重。
2. 分析销售计划的制订重点要考虑哪些因素。

中华优秀传统管理案例

范仲淹开仓赈济灾民

范仲淹是北宋杰出的政治家和文学家，这位北宋名臣不仅"文武兼备"，而且"智谋过人"，还非常有经济头脑。

宋仁宗皇祐二年（公元 1050 年），两浙发生灾荒，杭州城内到处缺粮食，但是商家却大量囤粮，粮食价格从原本的每斗 60 文涨到每斗 120 文。

已是暮年的范仲淹任杭州知州，他在心中细细思索了一番。

如果直接开仓放粮，官府的粮食远远不够救济灾民。等到官府没粮食了，商家囤积的粮食价格会涨得更高。到了那个时候，官府再多钱也不够买粮食，灾民更难活下去。

当然，也可以动用官府权威，强制压低市场上的粮价。但是这样做的话，那些囤粮之人宁愿粮食坏了也不拿出来卖，反而会让他们和官府的矛盾激化，更不利于救灾。

经过一番思考，范仲淹反其道而行之，却获得了很好的效果。

首先，提高价格，以每斗 150 文收购商家手里的粮食，而且把这个消息也告知邻近地区的商家。此时，四面八方的商人会被粮食的高价吸引过来。

随后，政府便停止高价收购粮食，开始低价收购。外地商家不得已只有低价卖掉，因为从码头运回去亏损更多，这时灾民就可以低价买粮了。因为供给增加，竞争也增加，商家为了卖出更多粮食，自然会降价。就这样，范仲淹收购了大量的粮食，开仓放粮，救济灾民。待市场饱和后，粮价快速回落，百姓安然度荒，杭州的灾情也得到了控制。

巩固与提高

一、不定项选择题

1. （　　）是指企业找到新产品构思并进行研究开发的时期。
   A. 导入期　　　　　B. 开发期　　　　　C. 成长期　　　　　D. 衰退期
2. 欧洲市场的开拓周期为（　　）季度。
   A. 1　　　　　　　B. 2　　　　　　　C. 3　　　　　　　D. 4
3. 4P 营销中的"4P"包括（　　）。
   A. 产品　　　　　B. 价格　　　　　C. 渠道　　　　　D. 促销

4. 订单交货后收入形成（　　　）。
   A. 应付账款　　　　B. 管理费用　　　　C. 应收账款　　　　D. 现金

5. 企业订单申报需要满足（　　　）条件。
   A. 有订单要求的市场资质　　　　　　B. 有订单要求的 ISO 资质
   C. 企业报价超过参考价　　　　　　　D. 企业报价未超过参考价

6. 进入沙盘首页，单击页面右下角的（　　　）图标，可以查看各年度市场需求预测数据。
   A. 市场调研　　　B. 数据咨询　　　C. 数智平台　　　D. 社会责任

7. 以下（　　　）会影响企业竞单得分。
   A. 促销广告　　　B. 违约金　　　　C. 产品报价　　　D. 特性值

8. 当多次对一张订单进行申报时，系统只接受（　　　）申报的产品数量。
   A. 第 1 次　　　　B. 最低　　　　　C. 最新一次　　　D. 最高

9. 渠道管理页面包括（　　　）。
   A. 促销管理　　　B. 渠道规则　　　C. 竞单管理　　　D. 渠道管理

10. 销售计划包括（　　　）。
    A. 采购计划　　　B. 销售收入　　　C. 销售数量　　　D. 销售费用

二、填空题

1. 营销总监操作页面包括＿＿＿＿、＿＿＿＿、＿＿＿＿、＿＿＿＿、＿＿＿＿ 5 个子操作。
2. 订单违约将产生＿＿＿＿＿＿，且扣除＿＿＿＿＿＿点商誉。
3. ＿＿＿＿＿＿＿＿是计算分单得分的一个因素，得分越高者，越有选单的优先权。
4. 所有订单必须在订单规定的＿＿＿＿＿＿按照订单规定的数量交货。
5. 研发周期为 4 季度的产品为＿＿＿＿＿＿＿。

三、计算题

1. 某公司在国内市场为畅享系列商务版产品投放 30 000 元促销广告费，市场占有率为 60%，商誉值为 90，订单报价为 2 300 元，订单参考价为 2 500 元，商务版当前特性值为 1。那么，该公司企业竞单得分是多少？

2. 某公司于第 1 年第 1 季度开拓国内市场、亚洲市场、欧洲市场，申请畅享系列、P 系列产品，认证 ISO9000 资格，没有投放广告。那么，该公司第 1 年第 1 季度的营销费用是多少？

四、简答题

某公司计划在第 1 年销售畅享系列产品，第 2 年销售 P 系列产品，第 3 年销售 Mate 系列产品。请为该公司制订具体的产品研发计划。

学习目标

知识目标：

1. 了解 PDCA 循环的方法和步骤
2. 了解主生产计划及物料需求计划的运作机制
3. 了解数字生产的概念、特点及核心要素
4. 掌握生产总监操作规则、PDCA 规则、"碳中和"规则和交易市场规则，理解操作步骤及其逻辑关系

能力目标：

1. 能够熟练运用生产规则操作生产总监平台
2. 能够根据公司战略及销售计划开展精益生产
3. 能够熟练使用 Excel 工具制订年度生产计划

素质目标：

1. 培养中国制造精神和共赢理念
2. 树立诚信原则，遵守职业道德

项目导学

深耕数字化生产，传统企业成功转型

党的二十大报告指出："加快发展数字经济，促进数字经济和实体经济深度融合，打造具有国际竞争力的数字产业集群。优化基础设施布局、结构、功能和系统集成，构建现代化基础设施体系。"

2023 年 10 月 30 日，第 75 届德国纽伦堡国际发明展落下帷幕，格力电器以出色的自主创新实力喜获"1 金 2 银 1 铜"四项大奖，令世界瞩目。这一成就不仅是对格力的高度认可，更是中国创新力在国际舞台上的生动写照。

如果说产品力是格力安身立命的"钢铁壁垒"，那么数字化与智能化就是格力转型升级的"百尺之竿"。格力致力于以自主创新的核心科技推动智能制造转型升级，沿着"体系建设、技术创新、场景应用"三大方向，打通全流程、全要素业务，形成了成熟的智能制造生产流程。走进格力电器生产车间，就可以看到工业机器人、数控机床、5G、AI 等先进科技充分融入生产的场景：集控中心的大屏幕上，全产线虚拟仿真实现了从产品设计、生产计划到制造执行的全流程数字化；生产线上，烙刻着格力品牌标志的工业机器人替代传统人工高质量完成各项质检工序；车间通道上，AGV 导航车与智能电子仓实现智能调度、精准配送……高度自动化已成为格力工厂的常态。

正是由于对产品创新、生产体系建设的精益求精，格力电器在中国轻工业领域占据了不可或缺的重要地位。

在本项目中，我们将进行 PDCA 循环、主生产计划及物料需求计划等生产管理理论的学习，并将其应用于实操项目中。

知识准备

一、生产采购

（一）PDCA 循环

PDCA 循环是全面质量管理最重要的一种管理工作方法。P 即 Plan，代表计划；D 即 Do，代表执行；C 即 Check，代表检查；A 即 Action，代表处理。PDCA 循环就是按照 P-D-C-A 的顺序进行质量管理，并且循环不止地实施下去的科学程序，如图 3-1 所示。

图 3-1 PDCA 循环

PDCA 循环作为落实全面质量管理的基本方法，包括 4 个阶段、8 个步骤。

第 1 个阶段是 P 阶段，即确定质量目标、质量计划、管理项目和拟定措施，可分为以下 4 个步骤。

第 1 步，分析质量现状，找出存在的质量问题。

第 2 步，分析产生质量问题的各种原因或影响因素，如人（人为因素）、机（设备、工具、工装）、料（原材料、零配件）、法（工艺、方法）、研（产品研发）等因素。

第 3 步，从各种原因中找出影响质量的主要原因。

第 4 步，针对影响质量的主要原因制订对策，拟定管理、技术和组织实施方案，提出执行计划和预计效果。

第 2 个阶段是 D 阶段，即第 5 步，按执行计划、目标和措施及其分工去执行，努力实现目标。

第 3 个阶段是 C 阶段，即第 6 步，将实施的结果和计划的要求对比，检查计划的执行情况和实施效果，及时发现计划执行过程中的问题。

第 4 个阶段是 A 阶段，包括以下两个步骤。

第 7 步，总结经验教训，巩固成绩并对出现的问题加以处理。成功的经验和失败的教训都要总结并纳入相应的标准、制度或规定之中，巩固已经取得的成绩，防止再重复产生已经出现过的问题。

第 8 步，提出这次循环尚未解决的问题，作为遗留问题转入下一次循环去解决，并为下一阶段制订计划提供资料和依据。

在 PDCA 循环的不停运转过程中，原有的质量问题解决了，又会产生新的问题。问题不断产生而又不断解决，循环不止。这就是质量管理不断前进的过程，也是全面质量管理工作必须坚持的科学方法。PDCA 循环的关键是 A 阶段，即总结经验教训，对问题加以处理。

（二）主生产计划

在制造企业中，主生产计划（master production schedule，MPS）是根据客户订单与市场需求预测，将综合生产计划中的产品系列具体化，确定最终产品在具体时间段内生产数量的安排。主生产计划是展开物料需求计划的主要依据，起到了从综合生产计划向物料需求计划过渡的承上启下的作用。

主生产计划的编制需要输入 3 个方面信息，以作为计划编制的依据。

（1）期初库存：来自上一期的实际存货持有量。

（2）计划期内的各期预测需求。

（3）顾客订单：已经承诺给顾客的产品或服务数量。

主生产计划是物料需求计划的基础，当主生产计划的计划量在原定基础上增加时，可能会导致物料短缺而使企业不能按期交货，那么企业必须重新安排作业计划，日常生产秩序会变得混乱；当主生产计划的计划量在原定基础上减少时，会导致已经投入的物料或采购的物料变得多余，成为不必要的库存。由此可以看出，主生产计划的变动，最终会导致企业的管理、库存等成本的增加。因此，主生产计划一经评估确认，应及时下达给有关的使用部门，包括生产部门、采购部门、人力资源部门、财务部门以及其他有关人员。只有各部门通力配合，主生产计划才能得到更好的执行。

（三）物料需求计划

物料需求计划（material requirements planning，MRP）是根据销售预测和订货情况制订主生产计划（MPS），再利用计算机将未来时段的产品需求按照产品结构分解为零部件需求计划，以作业指令的形式提出采购部门所需购买的原材料和推动生产部门制造产品的零部件及成品的一种管理方法。

物料需求计划的基本原理可以归结为以下两点。

（1）从最终产品的生产计划导出相关物料（零部件、原材料等）的需求量和需求时间。

（2）根据物料的需求时间和订货周期来确定其开始订货的时间。

物料需求计划的运作机制是由主生产计划导出零部件、原材料的相关需求量、需求时间以及订货时间，以此为基础导出对各种制造资源的需求数量和需求时间。

物料需求计划以物料为中心组织生产运作，要求企业的所有生产经营活动必须以用户的需求为标准，要以需求产品的物料转化来组织一切制造资源。它很好地反映了按需生产的思想理念，体现了以顾客为中心的服务宗旨。这与传统的强调以设备为中心组织生产运作的思想是截然不同的。

二、数字生产与企业数字化

随着数字技术的飞速发展，数字化已经渗透到各个行业和领域，成为推动社会经济发展的重要力量。在制造业领域，数字生产已经成为企业转型升级的必然选择。数字生产可以提高生产效率和产品质量，降低生产成本并减少资源消耗，提升企业的综合竞争力，占领市场份额。总的来说，数字生产是指在数字技术的应用下，将传统的生产进行改造升级，实现生产过程的自动化、智能化和高效化。除此之外，数字生产还可以促进产业升级和转型升级，实现经济可持续发展。

（一）数字生产的概念及特点

从企业生产的角度来看，数字生产是信息化的整体升级，在移动互联网、数字交互式媒体、通信技术等的支持下，将数字化技术与制造技术融合，根据用户需求，迅速收集资源信息，对产品信息和生产技术等资源进行分析、规划和重组，实现产品的制造。

数字生产主要有三大特点：一是数据集中管理。数字生产发展的核心之一就是实现数据的集中管理。在统一的平台中将各个环节产生的数据集中存储和管理，便于企业决策层了解和掌握生产过程中的各项数据。二是信息实时共享。通过数字化技术和网络连接，将生产过程信息实时传输给相关的部门和人员，使企业各个层级的决策者能够及时获得准确的信息，实现信息的实时共享。三是决策智能高效。通过数据分析、人工智能和机器学习等技术，对大量的生产数据进行挖掘和分析，以发展潜在的模式、关联和趋势，为决策者提供科学的依据和决策支持。智能化的决策可以提高生产效率、降低成本以及优化资源配置。

（二）数字生产的核心要素

在经济学中，生产要素是指用于生产物品和劳务的投入。在传统制造业中，生产要素主要包括土地、劳动力、资本和企业家精神。然而，在数字经济时代，制造业的生产要素已经发生了显著的变化，核心生产要素主要包括数据、技术、人才和创新。

1. 数据

每个人每时每刻都在生成数据、传递数据、处理数据和应用数据，发展数据经济和数据治理是大势所趋。传统制造业往往存在着数据孤岛问题，不同的系统和数据库中分散着各个部门的数据，难以进行整合和分析。如今，数字经济引领新经济的发展，通过大数据、云计算、物联网、人工智能等技术与各行业融合发展。伴随着数字生产和企业数字化的发展，数据成为全球经济社会关注的焦点，也成为数字生产发展过程中的核心生产要素。

2. 技术

技术是推动数字经济发展的关键，主要包括互联网、大数据、人工智能、区块链等技术。这些技术可以改变生产和交换的方式，提高生产效率，降低交易成本，创造新的商业模式。

3. 人才

人才是数字生产中最重要的要素，它不仅包括技术人才，也包括管理人才和创新人才等。人才的加入，可以为企业提出新的思路，创新产品和服务，推动企业和社会的发展。

4. 创新

在数字经济中，创新是驱动发展的关键力量。创新主要包括技术创新、管理创新、商业模式创新等。它可以帮助企业适应和引领市场变化，提高竞争力，实现可持续发展。

项目实训

【实训准备】

一、生产总监操作规则

进入沙盘首页，单击页面右边的"产"图标，进入生产总监操作页面（见图3-2）。页面右侧有 5 个子操作，分别为"人""机""料""法""研"。这 5 个子操作的具体内容分别为"工人管理""设备管理""库存管理""设计管理""研发管理"。

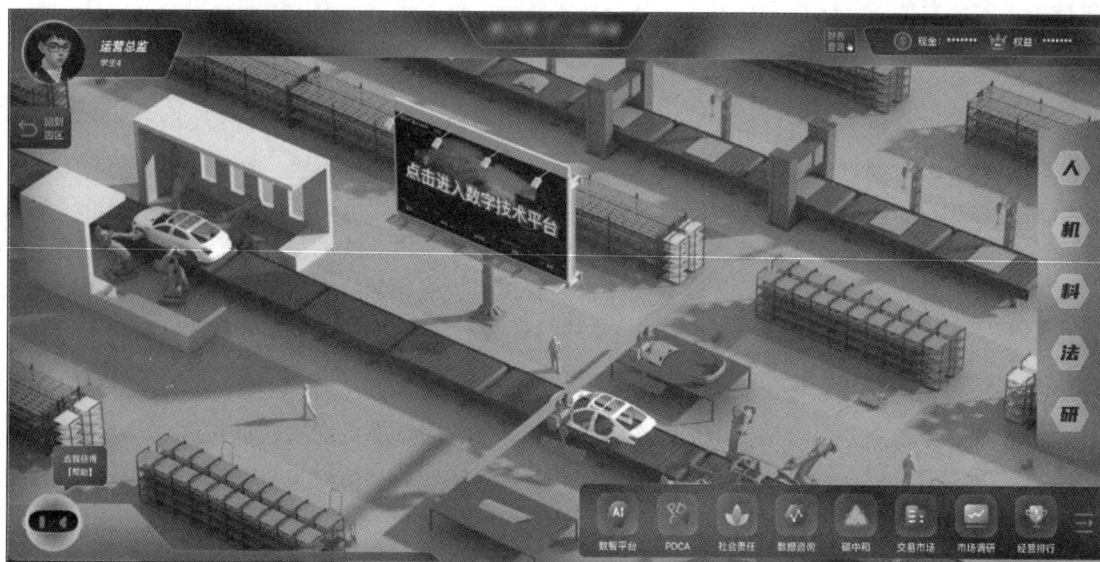

图 3-2　生产总监操作页面

（一）工人管理

在生产总监操作页面单击"人"图标，进入"工人管理"页面（见图 3-3）。工人管理包括"设备管理"和"在职工人"两个栏目。

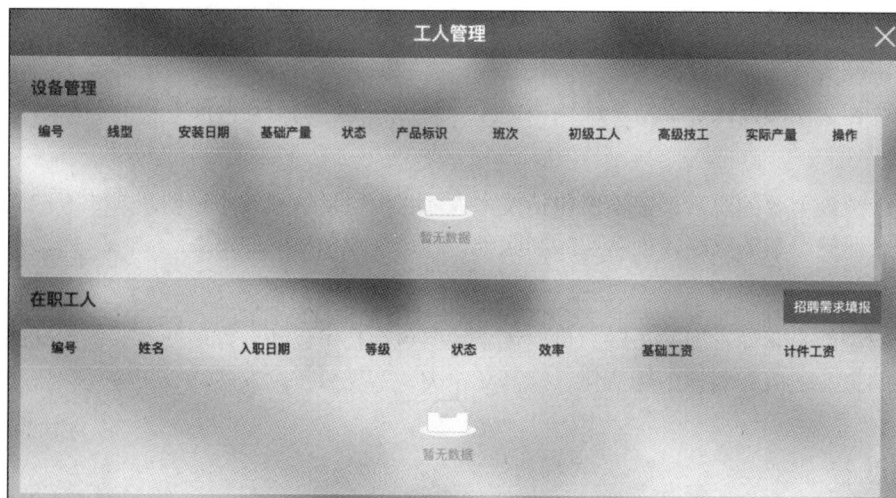

微课 3-1

图 3-3　工人管理页面

1. 生产线配置

在"设备管理"中可以对生产线进行配置。当生产线处于"停产"状态时，为生产线配置班次和工人，单击"保存"按钮，系统会自动计算出该生产线的实际产量。

📖【HW 公司案例】

　　HW 公司为全自动线配置了 8 时制班次、2 名初级工人和 1 名高级技工，单击"保存"按钮后该生产线的实际产量为 46（见图 3-4）。

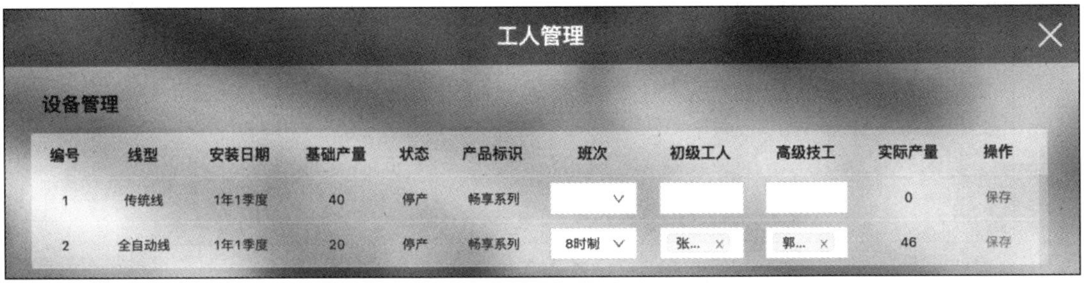

图 3-4　生产线配置

2. 班次

　　班次指生产线上工人的工作时长，分为 8 时制和 12 时制。在配置生产线时，可以进行班次选择。班次不同，所产出的产量加成不同。8 时制的产量加成为 1 倍，工人工作 1 个季度的效率损失 2%；12 时制的产量加成为 1.5 倍，虽然这种班次下产量加成倍数较高，工人工作 1 个季度的效率损失高达 50%（见表 3-1）。两种班次各有优缺点，因此，在选择班次时，要根据实际情况而定。

表 3-1　班次规则

班次	产量加成	效率损失
8 时制	1	2%
12 时制	1.5	50%

3. 实际产量

　　生产线在未经配置时的产量为基础产量，生产线经过班次、工人配置后的产量为实际产量。实际产量=基础产量×（1+初级工人效率/4+高级技工效率）×班次加成。需要注意，工人效率按实际招聘的工人效率读取，班次加成按实际配置的班次计算，实际产量的计算结果如果带有小数需要向下取整。

📖【HW 公司案例】

　　HW 公司建成 1 条全自动线，其基础产量为 20，为该生产线配置 2 名效率为 60% 的初级工人和 1 名效率为 100% 的高级技工，班次配置为 8 时制。

　　则：该生产线的实际产量=20×[1+(60%+60%)÷4+100%]×1=46

4. 基本信息

　　"在职工人"栏目中列示了已入职工人的基本信息，包括姓名、入职日期、等级、状态、效率、基础工资和计件工资（见图 3-5）。

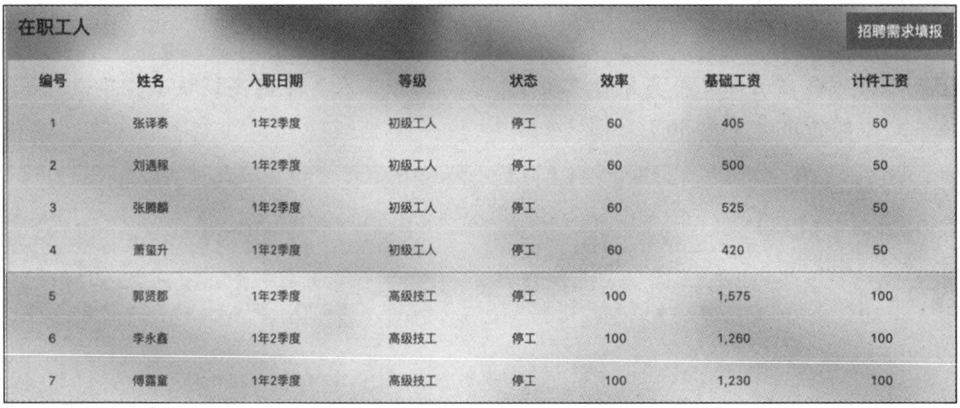

在职工人　招聘需求填报

编号	姓名	入职日期	等级	状态	效率	基础工资	计件工资
1	张译泰	1年2季度	初级工人	停工	60	405	50
2	刘遇稼	1年2季度	初级工人	停工	60	500	50
3	张鹏麟	1年2季度	初级工人	停工	60	525	50
4	萧玺升	1年2季度	初级工人	停工	60	420	50
5	郭贤郡	1年2季度	高级技工	停工	100	1,575	100
6	李永鑫	1年2季度	高级技工	停工	100	1,260	100
7	傅露童	1年2季度	高级技工	停工	100	1,230	100

图 3–5　在职工人基本信息

5. 招聘需求填报

在“在职工人”栏目中可以进行招聘需求填报。

> 📖【HW 公司案例】
>
> HW 公司生产总监拟招聘 3 名效率在 70%以上的高级技工。单击“招聘需求填报”按钮（见图 3-5），按需求填写工人种类、数量要求和效率要求（见图 3-6），然后单击“确定”按钮，系统就会将招聘需求信息同步到人力总监招聘管理页面中的“人力资源需求”中（见图 3-7）。人力总监看到生产总监提报的招聘需求后，会按照需求在人才市场招聘人才。
>
> 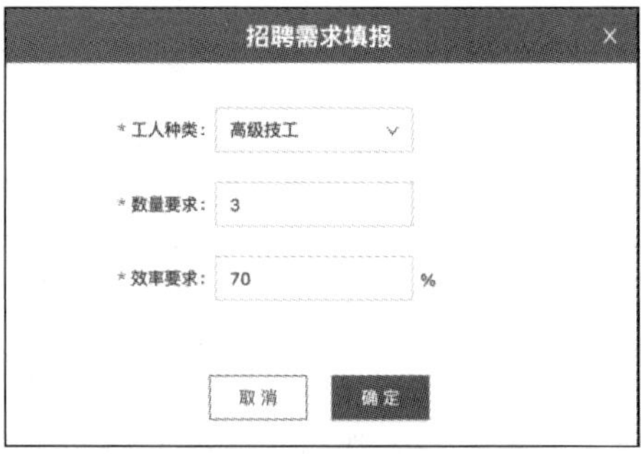
>
>
> 图 3–6　招聘需求填报
>
> 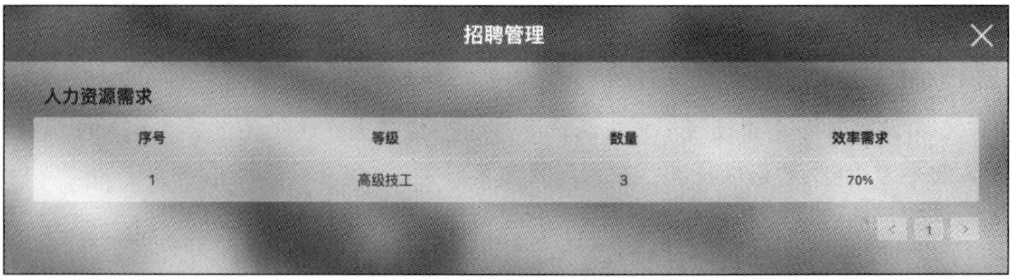
>
> 招聘管理
>
> 人力资源需求
>
> | 序号 | 等级 | 数量 | 效率需求 |
> |---|---|---|---|
> | 1 | 高级技工 | 3 | 70% |
>
> 图 3–7　人力资源需求

（二）设备管理

在生产总监操作页面单击“机”图标，进入设备管理页面（见图 3-8）。设备管理包括“设备规则”和“设备管理”两个栏目。

图 3-8 设备管理页面

1. 生产线线型

在"设备规则"中列示了 3 种生产线线型，分别为传统线、全自动线和全智能线（见图 3-8）。

2. 购买价格

生产线的购买价格为一次性费用，其中传统线的购买价格为 50 000 元，全自动线为 100 000 元，全智能线为 200 000 元（见图 3-8）。

3. 安装周期

生产线购买后还需要经过一段时间才能使用，这段时间就是生产线的安装周期。生产线的安装无法中断或加速。传统线的安装周期为 0 季度，全自动线为 1 季度，全智能线为 2 季度（见图 3-8）。

📖【HW 公司案例】

HW 公司在第 1 年第 1 季度分别购买 3 种生产线，那么传统线购买时即可投入使用，全自动线需要等待 1 个季度即在第 1 年第 2 季度可以使用，全智能线需要等待 2 个季度即在第 1 年第 3 季度可以使用。因此，传统线状态为"停产"，当下即可开始使用，而全自动线和全智能线状态均为"在建"，尚不能使用（见图 3-9）。

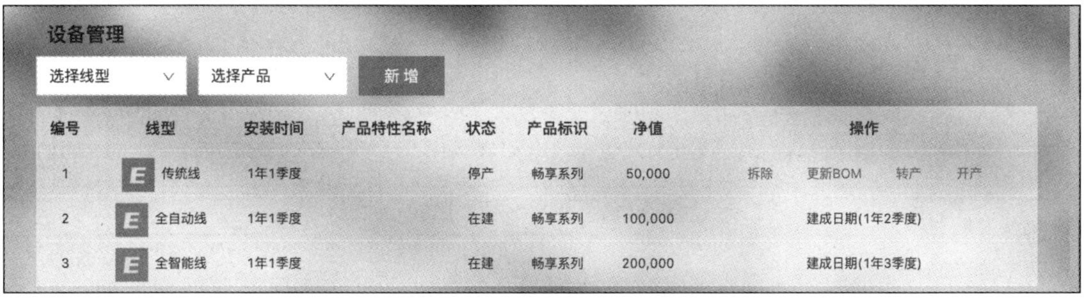

图 3-9 生产线安装周期

4. 生产周期

生产线开产后需要经过一段时间才能生产出产品，这段时间称为生产周期。传统线的生产周期为 2 季度，全自动线和全智能线均为 1 季度（见图 3-8）。

📖【HW 公司案例】

HW 公司的传统线、全自动线和全智能线均在第 1 年第 3 季度开产，那么传统线产品下线时间为第 2 年第 1 季度，全自动线和全智能线的产品下线时间均为第 1 年第 4 季度（见图 3-10）。

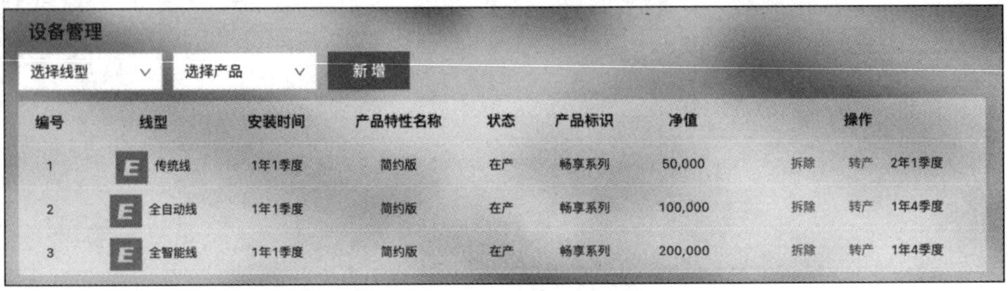

图 3-10　生产线生产周期

---

5. 基础产量

生产线在未经过配置时的产量为基础产量，它是计算实际产量的基数。传统线的基础产量是 40，全自动线是 20，全智能线是 30（见图 3-8）。

6. 转产周期

生产线从生产一种产品转为生产另一种产品称为转产。生产线需要经历一段时间才能转产成功投入使用，这段时间称为转产周期。传统线的转产周期为 1 季度，全自动线和全智能线均为 0 季度（见图 3-8）。

📖【HW 公司案例】

HW 公司的传统线、全自动线和全智能线均在第 2 年第 1 季度从 P1（畅享系列）产品转产为 P2（P 系列）产品，则传统线到第 2 年第 2 季度才能使用，全自动线和全智能线在第 2 年第 1 季度就可以直接投入使用，无须等待。因此，传统线的状态为"转产"，无法开产，而全自动线和全智能线的状态均为"停产"，可随时开产（见图 3-11）。

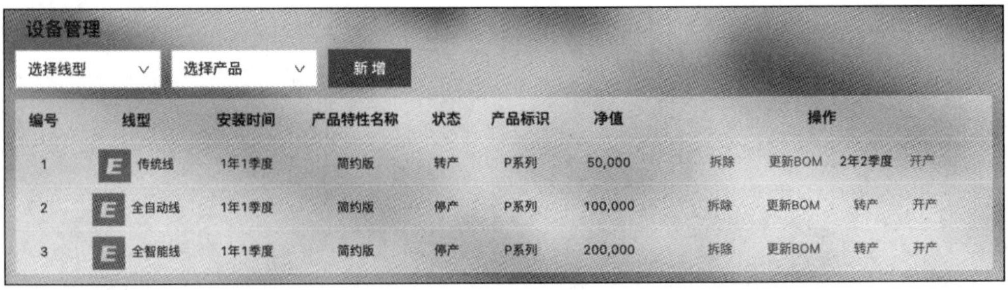

图 3-11　生产线转产周期

---

7. 转产价格

生产线转产时花费的金额称为转产价格。传统线和全自动线的转产价格均为 5 000 元，全智能线无须支付转产费（见图 3-8）。

8. 残值

生产线折旧够年限时的价值称为残值。传统线的残值为 10 000 元，全自动线的残值为 20 000 元，全智能线的残值为 40 000 元（见图 3-8）。

9. 维修费

生产线建成满一年后每年都需要维修，维修花费的金额称为维修费。传统线的维修费为 1 000 元，全自动线的维修费为 2 000 元，全智能线的维修费为 5 000 元（见图 3-8）。

> 📖【HW 公司案例】
>
> HW 公司在第 1 年第 1 季度建设 1 条全自动线，安装时间为 1 季度，那么该生产线在第 1 年第 2 季度建成。第 2 年第 2 季度生产线建成满一年，系统在第 2 年第 1 季度跳转第 2 年第 2 季度时自动扣除维修费 2 000 元，且以后每年这个时间点系统都会自动扣除维修费。

10. 工人配置

生产线生产产品时需要配置工人。传统线需要配置 2 名初级工人，全自动线需要 2 名初级工人和 1 名高级技工，全智能线需要 2 名高级技工（见图 3-8）。

11. 产品图纸

组织生产时，需要按照产品图纸准备原材料。产品图纸即产品构成，指生产一个产品所用的原料种类和数量。畅享系列需要 1 个 CPU 和 1 个主板，P 系列需要 1 个 CPU、1 个主板和 1 个摄像头，Mate 系列需要 2 个 CPU、1 个主板、1 个摄像头和 1 个屏幕（见图 3-12）。

产品名	产品编号	碳排放量	CPU	主板	摄像头	屏幕
畅享系列	P1	5	1	1	0	0
P系列	P2	4	1	1	1	0
Mate系列	P3	2	2	1	1	1

图 3-12 产品图纸

12. 生产线建设

建生产线时需要选择生产线线型以及要生产的产品。

> 📖【HW 公司案例】
>
> HW 公司于第 1 年第 1 季度分别建设 1 条传统线、1 条全自动线和 1 条全智能线，并且全部选择畅享系列产品。这 3 条生产线的信息列示在"设备管理"中（见图 3-13）。

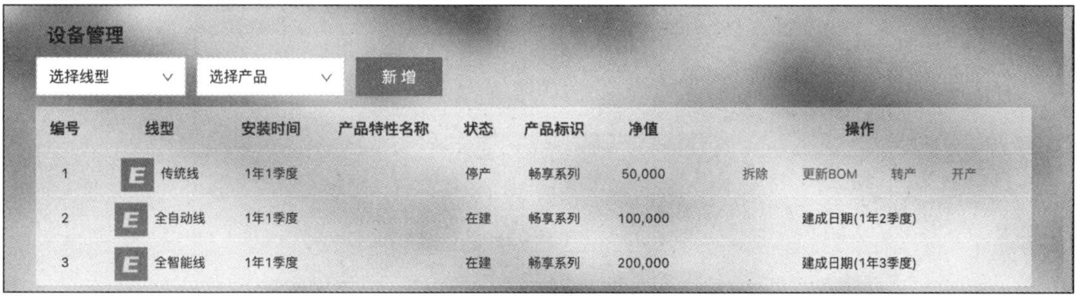

图 3-13 生产线建设

13. 生产线开产

当生产线具备开产条件时即可开产。

📖【HW 公司案例】

HW 公司的 1 条全自动线已开产，该生产线处于"在产"状态（见图 3-14）。

编号	线型	安装时间	产品特性名称	状态	产品标识	净值	操作
1	E 传统线	1年1季度		停产	畅享系列	50,000	拆除　更新BOM　转产　开产
2	E 全自动线	1年1季度	简约版	在产	畅享系列	100,000	拆除　转产　1年3季度
3	E 全智能线	1年1季度		在建	畅享系列	200,000	建成日期(1年3季度)

图 3-14　生产线开产

14. 生产线转产

生产线处于"停产"状态时，可以将其进行转产。

📖【HW 公司案例】

HW 公司的传统线、全自动线和全智能线均处于"停产"状态，目前生产的产品是畅享系列（见图 3-15）。设计 P 系列产品后，在 3 条生产线操作中分别单击"转产"按钮，在打开的对话框中选择产品"P 系列"（见图 3-16），然后单击"确定"按钮，那么这 3 条生产线就会转产为 P 系列产品（见图 3-17）。

编号	线型	安装时间	产品特性名称	状态	产品标识	净值	操作
1	E 传统线	1年1季度	简约版	停产	畅享系列	50,000	拆除　更新BOM　转产　开产
2	E 全自动线	1年1季度	简约版	停产	畅享系列	100,000	拆除　更新BOM　转产　开产
3	E 全智能线	1年1季度	简约版	停产	畅享系列	200,000	拆除　更新BOM　转产　开产

图 3-15　转产前的生产线状态

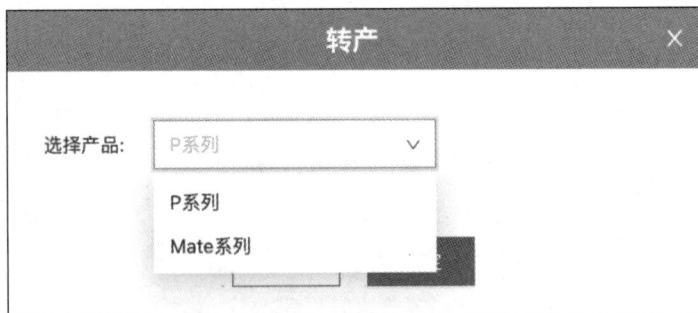

转产 ✕

选择产品：　P系列

　　P系列
　　Mate系列

图 3-16　转产为 P 系列产品

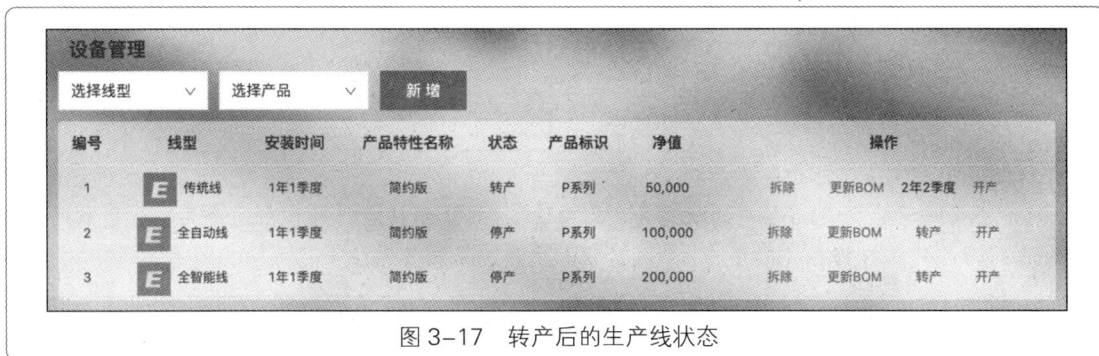

图 3-17 转产后的生产线状态

15. 出售生产线

生产线处于"停产"状态时，可以进行拆除。无论何时出售生产线，收回等于残值的资金。

📖【HW 公司案例】

HW 公司要拆除已经建成的传统线，单击传统线操作中的"拆除"按钮（见图 3-18），在打开的对话框中单击"确定"按钮（见图 3-19），传统线即可被拆除（见图 3-20）。

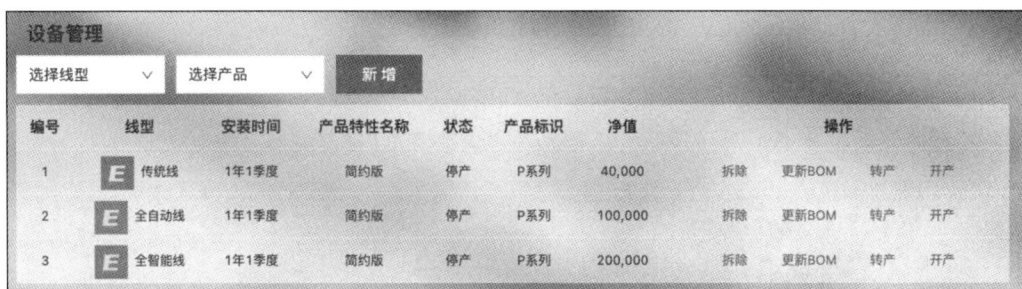

图 3-18 拆除前的生产线列表

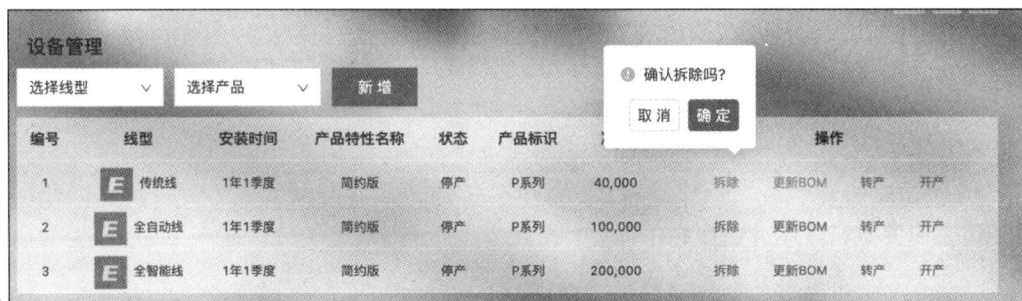

图 3-19 拆除传统线

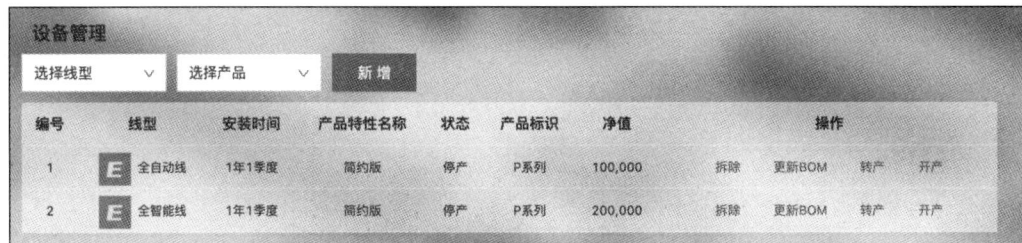

图 3-20 拆除后的生产线列表

16. 生产线开产条件

生产线需要具备开产条件才能顺利开产。

第一，企业需要拥有所要生产产品的生产资质。

【HW 公司案例】

HW 公司畅享系列产品当前的状态为“已申请”，公司可以生产畅享系列产品。而 P 系列和 Mate 系列产品的状态仍在“申请中”，则不可以生产（见图 3-21）。

产品资质状态 ISO认证状态

序号	产品名称	状态	申请期	完成期	操作
1	P 畅享系列	已申请	1年1季度	1年2季度	
2	P P系列	申请中	1年1季度	1年3季度	
3	P Mate系列	申请中	1年1季度	2年1季度	

图 3–21　产品资质状态

第二，拥有充足的原料。

【HW 公司案例】

HW 公司计划生产畅享系列产品，原料库存中需要有 CPU 和主板原料（见图 3-22）。

原料订单 原料库存 产品库存

编号	原料名称	数量	入库日期	成本	操作
1	R CPU	200	1年2季度	100,000	出售
2	R 主板	200	1年2季度	100,000	出售

图 3–22　原料库存

第三，生产线必须为“停产”状态。

【HW 公司案例】

HW 公司目前的 1 条传统线和 1 条全自动线为“停产”状态，可以开产，而 1 条全智能线为“在建”状态，不可开产（见图 3-23）。

设备管理

选择线型 选择产品 新增

编号	线型	安装时间	产品特性名称	状态	产品标识	净值	操作			
1	E 传统线	1年1季度		停产	畅享系列	50,000	拆除	更新BOM	转产	开产
2	E 全自动线	1年1季度	简约版	停产	畅享系列	100,000	拆除	更新BOM	转产	开产
3	E 全智能线	1年1季度		在建	畅享系列	200,000	建成日期(1年3季度)			

图 3–23　生产线状态

第四，工人须配置完成。

【HW 公司案例】

　　HW 公司已为全自动线配置 8 时制班次及工人，实际产量为 46，而传统线尚未配置（见图 3-24）。

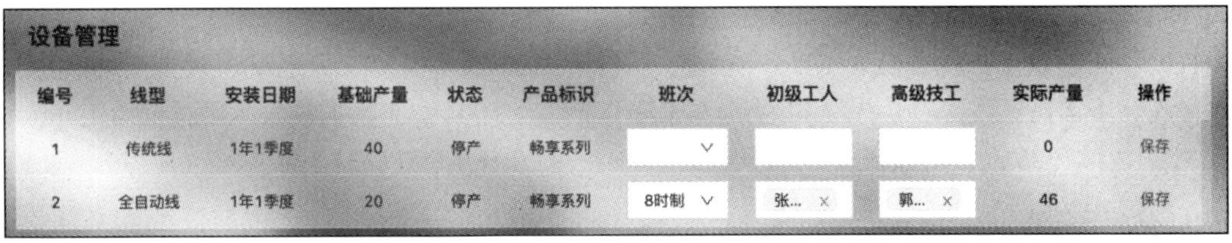

设备管理										
编号	线型	安装日期	基础产量	状态	产品标识	班次	初级工人	高级技工	实际产量	操作
1	传统线	1年1季度	40	停产	畅享系列	∨			0	保存
2	全自动线	1年1季度	20	停产	畅享系列	8时制 ∨	张… ✕	郭… ✕	46	保存

图 3-24　配置工人

第五，BOM 更新完成。

【HW 公司案例】

　　HW 公司的全自动线的产品特性名称是"简约版"，表示 BOM 已更新完成，可以开产；而传统线和全智能线尚无对应产品特性名称，表示 BOM 尚未更新，不可开产（见图 3-25）。

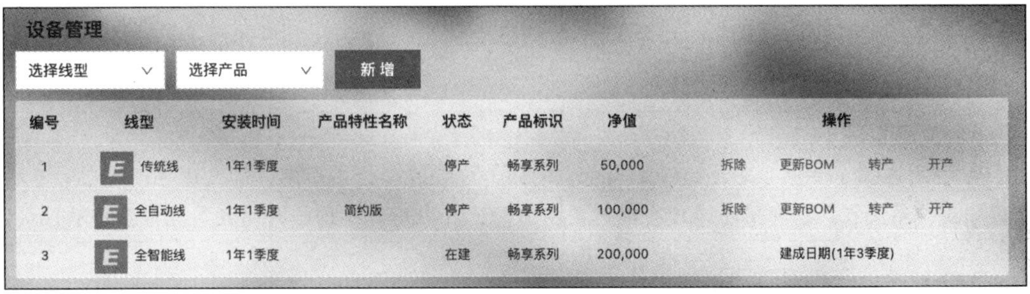

设备管理							
选择线型 ∨	选择产品 ∨	新 增					
编号	线型	安装时间	产品特性名称	状态	产品标识	净值	操作
1	E 传统线	1年1季度		停产	畅享系列	50,000	拆除　更新BOM　转产　开产
2	E 全自动线	1年1季度	简约版	停产	畅享系列	100,000	拆除　更新BOM　转产　开产
3	E 全智能线	1年1季度		在建	畅享系列	200,000	建成日期(1年3季度)

图 3-25　更新 BOM

第六，生产线开产需要缴纳计件工资，还需要足够支付开产费的资金。

以上 6 个条件均满足后，生产线才可以开产。开产后，生产线处于"在产"状态。

【HW 公司案例】

　　HW 公司 1 条生产畅享系列简约版产品的全自动线顺利开产，处于"在产"状态。另外两条生产线因开产条件不足未能开产（见图 3-14）。

17. 计件工资

生产线开产时需要支付工人的计件工资。

计件工资=实际产量×（初级工人计件工资+高级技工计件工资）=实际产量×（初级工人数量×计件工资+高级技工数量×计件工资）。

【HW 公司案例】

　　HW 公司建成 1 条全自动线，经计算其实际产量为 46，该生产线配置 2 名初级工人和 1 名高级技工，初级工人计件工资为 50 元，高级技工计件工资为 100 元。

　　则：该生产线的计件工资=46×（2×50+1×100）=46×200=9 200（元）

18. 产品成本

在编制企业利润表时需要计算产品成本，通过计算在制品成本可以核算销售产品的成本。

在制品成本=原料费+加工费+工人工资。其中，加工费即计件工资，工人工资为该生产线生产周期内工人的工资总额。

> 📖 【HW 公司案例】
>
>   HW 公司建成 1 条全自动线，生产畅享系列产品，经计算其实际产量为 46，该生产线配置 2 名初级工人和 1 名高级技工。其中，2 名初级工人月工资均为 500 元，1 名高级技工月工资为 1 500 元。
>
>   则：这批产品的在制品成本=46×（500+500）+9 200+（500×2+1 500）×3=62 700（元）

19. 折旧

在编制企业利润表时需要计算生产线的折旧费。生产线折旧=（生产线购买价格-生产线残值）/折旧年限。折旧指生产线逐年贬值，3 种线型的折旧年限均为 4 年，采用平均年限折旧法。当生产线净值=残值时，无须再计提折旧。

因此，传统线折旧=（50 000-10 000）÷4=10 000（元），全自动线折旧=（100 000-20 000）÷4=20 000（元），全智能线折旧=（200 000-40 000）÷4=40 000（元）。

20. 折旧时间

生产线建成满一年后开始折旧，折旧不会对现金流造成影响，到期系统会在利润表中自动计提折旧费。

> 📖 【HW 公司案例】
>
>   HW 公司在第 1 年第 1 季度建设 1 条全自动线，安装时间为 1 季度，那么该生产线在第 1 年第 2 季度建成，系统在第 2 年第 2 季度自动计提折旧费，且以后每年这个时间点系统都会自动计提。

（三）库存管理

在生产总监操作页面单击"料"图标，进入库存管理页面。库存管理包括"原料商店""原料订单""原料库存"和"产品库存"4 个栏目（见图 3-26）。

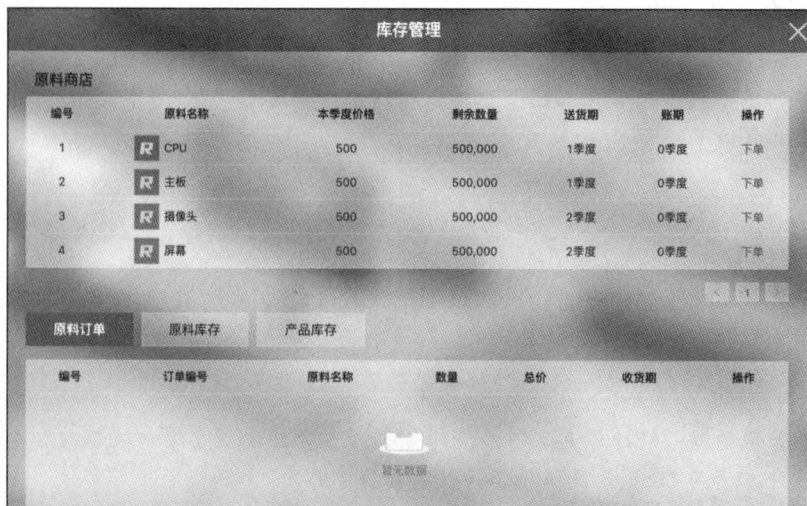

图 3-26　库存管理页面

1. 原料信息

企业在"原料商店"中购买原料。"原料商店"里列示了 4 种原料的名称、本季度价格、剩余数量、送货期和账期等基本信息（见图 3-26）。

2. 原料订购

企业可根据产品生产情况提前订购原料。订购原料时无须支付费用，收货时支付。订购的原料无法撤回。

【HW 公司案例】

HW 公司购买 200 个 CPU，在"原料商店"中"CPU"的操作中单击"下单"按钮（见图 3-26），在打开的对话框中输入下单数量"200"（见图 3-27），再单击"确定"按钮就会在"原料订单"中显示该订单的基本信息：原料名称"CPU"，数量"200"，总价"100 000"，收货期"1 年 2 季度"（见图 3-28）。

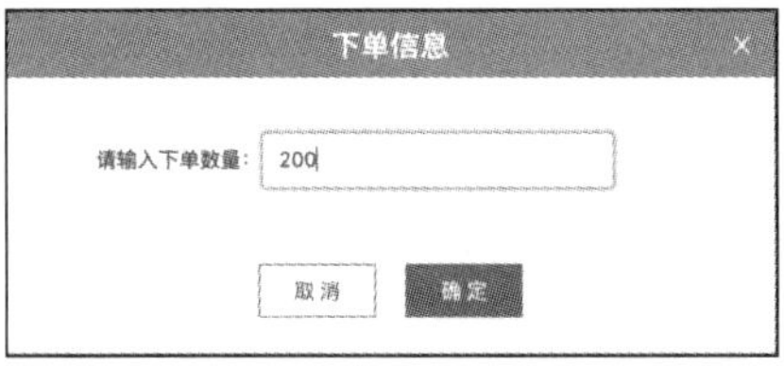

图 3-27 输入下单数量

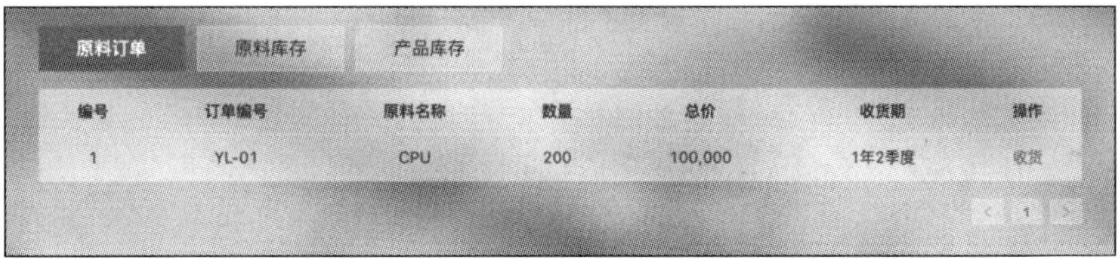

图 3-28 原料订单信息

3. 送货周期

原料下单后不会立即到货，企业需要经过一定时间才能收到原料，这个时间称为送货周期。其中，CPU 和主板的送货周期均为 1 个季度，摄像头和屏幕的送货周期均为 2 个季度（见图 3-26）。原料的收货日期=订货日期+送货周期。

【HW 公司案例】

HW 公司在第 1 年第 1 季度分别订购 4 种原料，那么 CPU 和主板的收货日期为"1 年 2 季度"，摄像头和屏幕的收货期为"1 年 3 季度"（见图 3-29）。

图 3-29 原料订单收货期

4. 收货

原料到货后，可进行收货操作。如果当季度未完成收货操作，系统自动收货并且扣减企业商誉值。

【HW 公司案例】

HW 公司的 CPU 和主板原料第 1 年第 2 季度已到货，在“原料订单”中对应原料行单击“收货”按钮（见图 3-30），这两种原料即可入库，可在“原料库存”中查看其信息（见图 3-31），并形成一笔应付账款（见图 3-32）。

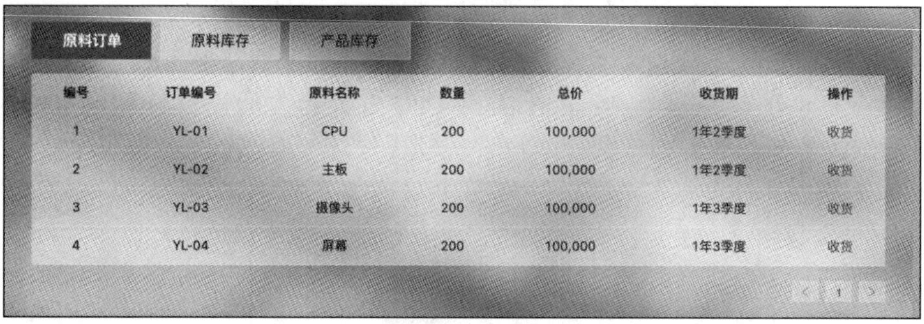

编号	订单编号	原料名称	数量	总价	收货期	操作
1	YL-01	CPU	200	100,000	1年2季度	收货
2	YL-02	主板	200	100,000	1年2季度	收货
3	YL-03	摄像头	200	100,000	1年3季度	收货
4	YL-04	屏幕	200	100,000	1年3季度	收货

图 3–30　原料收货

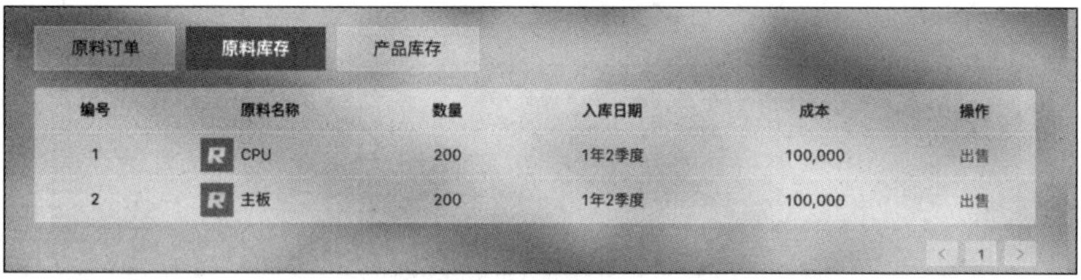

编号	原料名称	数量	入库日期	成本	操作
1	CPU	200	1年2季度	100,000	出售
2	主板	200	1年2季度	100,000	出售

图 3–31　原料入库

5. 应付账款和账期

原料收货后自动形成应付账款，在财务总监的应付账款管理页面可以看到对应的应付账款信息。应付账款需要在一定时间内支付，这个时期称为账期。应付账款到期后，财务总监在应付账款管理页面单击“付款”按钮即可（见图 3-32）。

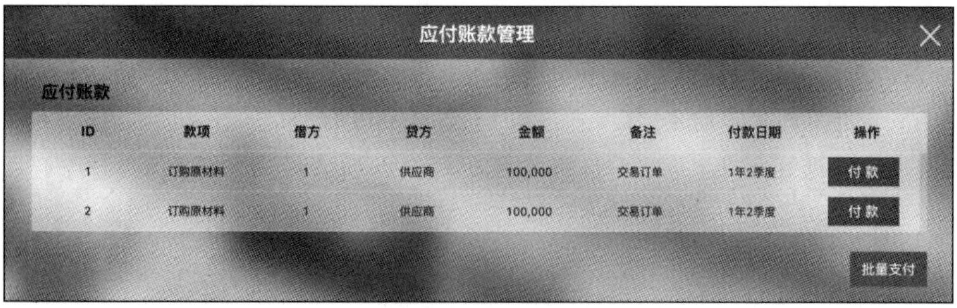

ID	款项	借方	贷方	金额	备注	付款日期	操作
1	订购原材料	1	供应商	100,000	交易订单	1年2季度	付款
2	订购原材料	1	供应商	100,000	交易订单	1年2季度	付款

图 3–32　应付账款信息

6. 原料出售

当企业急需现金时，可以通过出售原料或产品获得流动资金，出售价按成本价的 80%计算。

【HW 公司案例】

HW 公司出售 CPU 原料，单击"出售"按钮（见图 3-33），在打开的对话框中输入出售数量"10"（见图 3-34），然后单击"确定"按钮，CPU 的数量就会减少 10 个（见图 3-35），当前现金增加。出售产品可参考该流程。

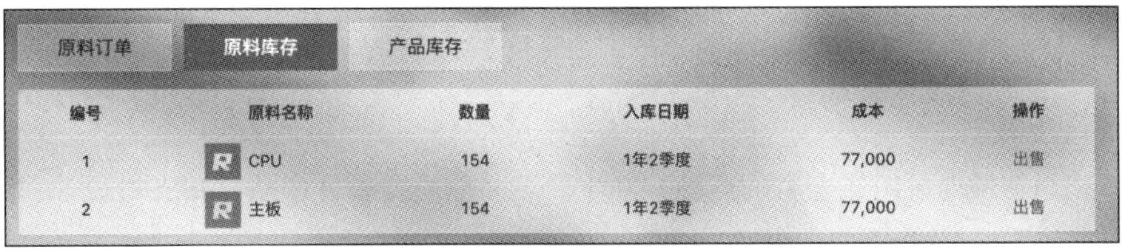

图 3-33　出售原料前

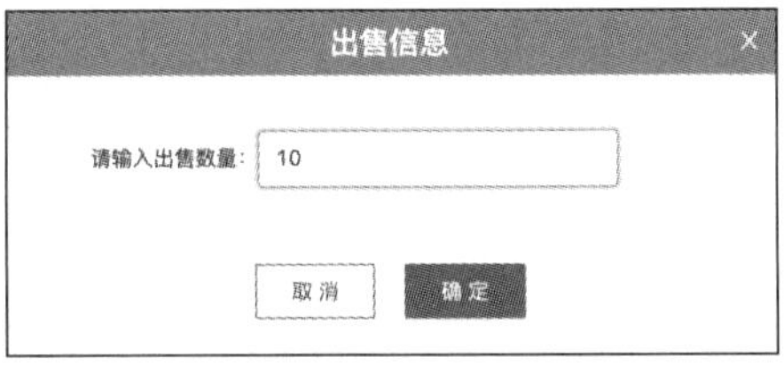

图 3-34　输入出售数量

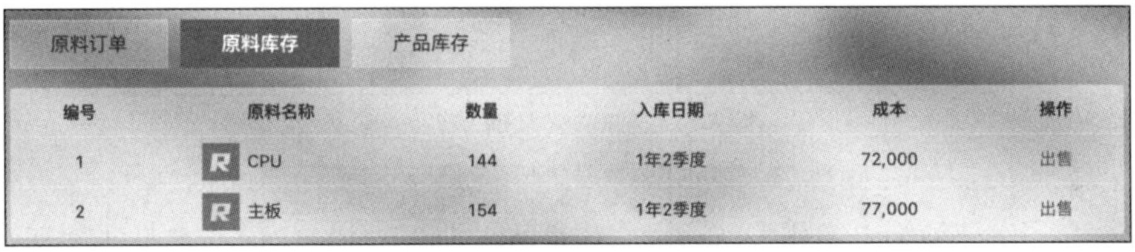

图 3-35　出售原料后

（四）设计管理

在生产总监操作页面单击"法"图标，进入设计管理页面。设计管理包括"设计规范"和"设计产品"两个栏目（见图 3-36）。

图 3-36　设计管理页面

微课 3-4

1. 产品特性

"设计规范"中列示了 3 种产品特性，分别为简约版、青春版和商务版。每种产品均可设计 3 种特性（见图 3-36）。

2. 设计费用

设计产品需要支付设计费用，简约版设计费用为 1 000 元，青春版为 1 000 元，商务版为 2 000 元（见图 3-36）。

3. 设计产品

产品原型+特性即可组成全新的产品。在生产产品前需要设计产品，并支付设计费用。

【HW 公司案例】

HW 公司将 P1（畅享系列）产品和 T1（简约版）特性设计为新产品。在"设计产品"中分别选择"P1"和"T1"（见图 3-37），单击"确定"按钮即可设计出 1.0 版本产品"畅享系列简约版"（见图 3-38）。

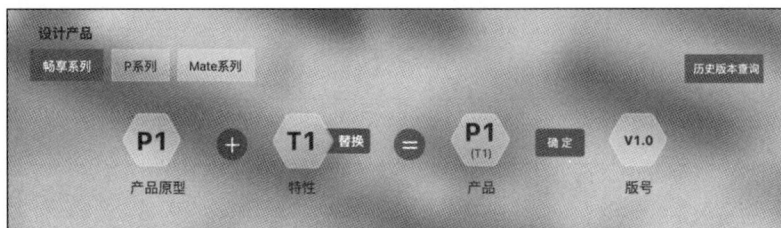

图 3-37　选择产品原型和特性

图 3-38　产品版本

4. 版本号

每次产品设计完后均有新的版本号。版本号按照设计次数编号，从 1.0 开始，1.1、1.2 依此类推。无论是否设计过，每次设计需要重新支付设计费用。

【HW 公司案例】

HW 公司的畅享系列产品分别依次设计简约版、青春版和商务版特性，就会出现 1.0、1.1 和 1.2 三个版本的产品（见图 3-39）。

图 3-39　不同产品特性版本号

（五）研发管理

在生产总监操作页面单击"研"图标，进入研发管理页面。研发管理包括"研发费用"和"特性研发"两个栏目（见图3-40）。

微课3-5

图3-40　研发管理页面

1. 研发规则

产品特性需要不断研发，每种特性的初始研发值均为1。每增加1个特性值所支付的费用称为单位研发费用，特性研发不可超过研发上限。特性研发值增加有助于企业获取订单。"研发费用"中列示了3种特性的初始研发值、当前研发值、单位研发费用和研发上限。简约版的当前研发值为"1"、单位研发费用为"800"、研发上限为"1 000"；青春版的当前研发值为"1"、单位研发费用为"1 000"、研发上限为"1 000"；商务版的当前研发值为"1"、单位研发费用为"1 200"、研发上限为"1 000"（见图3-40）。

2. 特性研发

企业可在"特性研发"中研发特性，每次研发目标值不得小于当前值。研发费用=（目标值-当前值）×单位研发费用（系统自动计算研发费用）。

【HW公司案例】

HW公司简约版当前值为"1"（见图3-41），目标值为101。

则：研发费用=（101-1）×800=80 000（元）

在"特性研发"中选择特性"简约版"（见图3-42），输入研发计划"101"（见图3-43），系统自动计算研发费用为"80 000"，单击"研发"按钮，"简约版"的当前研发值增加为"101"（见图3-44）。

图3-41　研发前

图 3-42　选择特性

图 3-43　输入研发计划

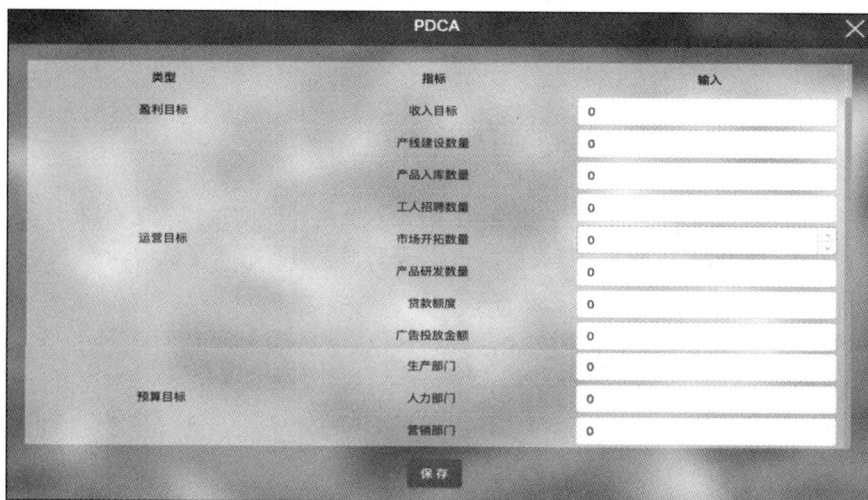

图 3-44　研发后

二、PDCA 规则

进入沙盘首页，单击页面右下角的"PDCA"图标，进入 PDCA 页面（见图 3-45）。

图 3-45　PDCA 页面

微课 3-6

PDCA 包括"盈利目标""运营目标""预算目标"3 个栏目，共有 11 个指标。各岗位均可填写 PDCA；分别在第 1、2 年第 1 季度填写，错过时间不可填写；第 3、4 年无须填写；该目标为年度目标，需要根据第 1、2 年年度计划填写。

部分指标介绍如下：收入目标为当年实现的销售收入；产线建设数量为当年建成的产线数量；产品入库数量为当年入库的产品数量；工人招聘数量为当年到岗的工人数量；市场开拓数量为当年完成开拓的市场数量；产品研发数量为当年完成研发的产品数量；贷款额度为当年的贷款额度；广告投放金额为当年的广告投放金额。

> 📖【HW 公司案例】
>
> HW 公司第 1 年第 1 季度根据第 1 年年度计划填写 PDCA。填写完成后单击"保存"按钮即可（见图 3-46）。
>
>
>
> 图 3-46 填写 PDCA

三、碳中和规则

进入沙盘首页，单击页面右下角的"碳中和"图标，进入碳中和页面（见图 3-47）。

微课 3-7

图 3-47 碳中和页面

（一）碳排放规则

企业在使用生产线生产产品时会产生碳排放。碳排放有两个影响因素：一是生产的产品；二是使用的生产线。其中，畅享系列产品的碳排放量为 5 t，P 系列为 4 t，Mate 系列为 2 t；传统线的碳排放量为 80 t，全自动线为 40 t，全智能线为 20 t。

（二）碳中和

第 2 年实现碳达峰，第 3 年和第 4 年企业有义务通过植树造林实现碳中和。

📖【HW 公司案例】

HW 公司在第 4 年第 4 季度进行碳中和。进入碳中和页面（见图 3-48），已排放碳量为"4 800 t"，单击"植树造林"按钮，在打开的对话框中输入中和碳量"4 800"（见图 3-49），单击"确定"按钮。系统自动扣除碳中和费用，已中和碳量为"4 800 t"（见图 3-50）。

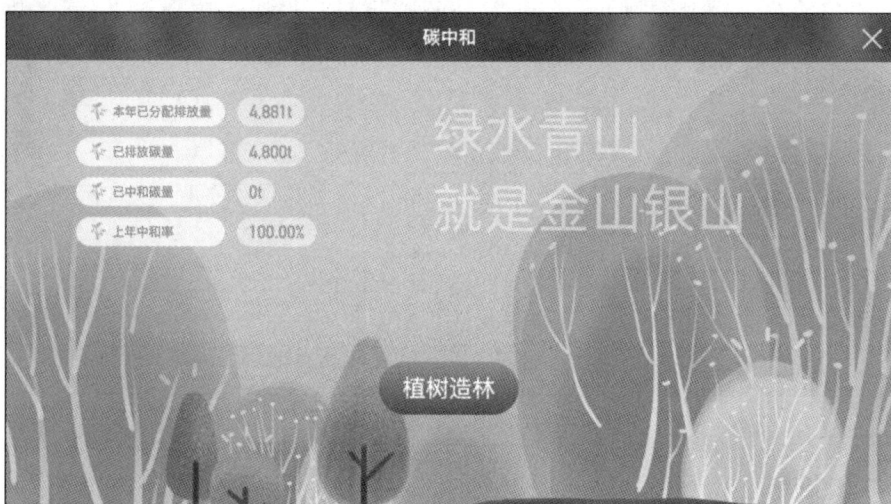

图 3-48　碳中和前

图 3-49　输入中和碳量

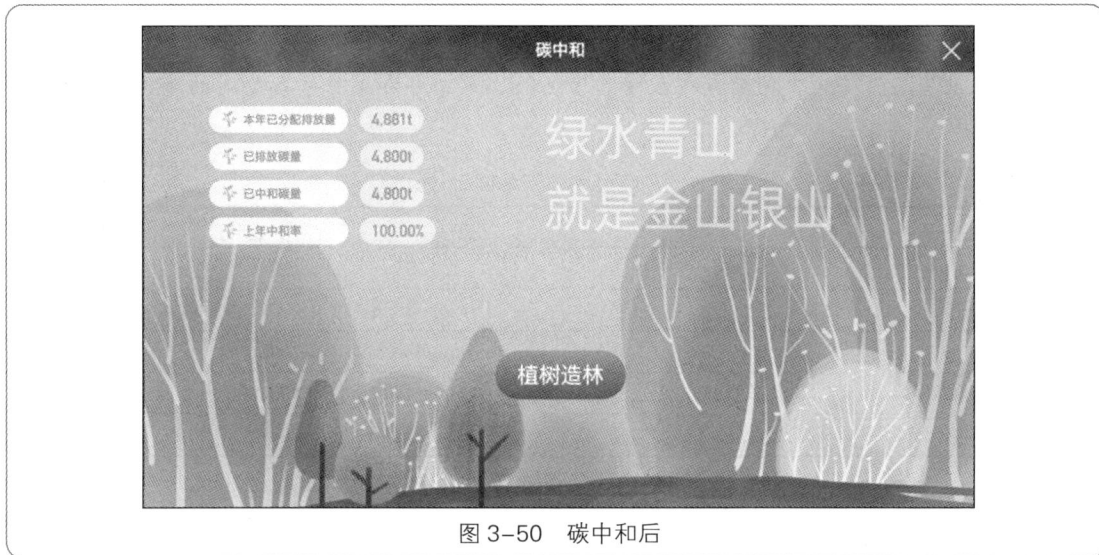

图 3-50 碳中和后

（三）碳中和费用

碳中和需要花费现金，碳中和费用=碳中和量×单位碳中和费用。单位碳中和费用即每中和 1 t 碳排放量需要支付的现金，该规则中为 5 元。

📖 【HW 公司案例】

HW 公司第 4 年第 4 季度通过植树造林中和 4 800 t 碳排放。

则：碳中和费用=4 800×5=24 000（元）

（四）碳排放量计算

企业的碳排放量=产品单位排放×产品数量+产线单次排放×生产次数。企业开产即计算碳排放量。

📖 【HW 公司案例】

HW 公司在第 3 年第 1 季度开产 1 条全自动线生产 P 系列产品，经配置后的产量为 50。

则：该次开产产生的碳排放量=4×50+40×1=240（t）

（五）碳排放分配规则

第 3 年开始对各公司进行碳排放分配，分配原则如下：①以前两年的总碳排放为峰值，第 3 年开始分配碳排放额度；②当年碳排放越少的，次年分配的碳排放量越高；③当碳排放不足时，企业无法进行生产；④第 3 年以前两年总碳排放为基数，第 4 年以第 3 年碳排放为基数，计算当年所分配的碳排放量；⑤碳排放后，可通过植树造林进行中和，中和掉的碳排放不会增加碳排放额度。

碳排放分配公式如下：①设上一年（第 3 年按前两年总额计算，第 4 年按第 3 年计算）碳排放量为 A，N 个公司为 A_1，A_2，…，A_n；②A_x 为某个公司上年的碳排放量；③给每个公司的碳排放量=$A×(1-A_x/A)/(N-1)$；④若规则中设置了初始碳排放，那么第 3 年碳排放量需加上初始碳排放。注意，一定要保证多家公司经营，仅单个公司经营时，无法被分配到排放量。

📖【HW 公司案例】

市场上共有 5 家公司，初始碳排放量为 1 000 t，第 1 年和第 2 年各公司的碳排放总额如表 3-2 所示。

表 3-2　各公司前两年碳排放总额　　　　　　　　　　　　　　　　　　　　　　　单位：t

公司	A_x
1	1 100
2	1 000
3	1 200
4	800
5	700

公司 1 前两年的碳排放总额为 1 100 t，公司 2 为 1 000 t，公司 3 为 1 200 t，公司 4 为 800 t，公司 5 为 700 t。

前两年 5 个公司的总碳排放量 $A=A_1+A_2+\cdots+A_5=1\,100+1\,000+1\,200+800+700=4\,800$（t），$N=5$。

则：公司 3 在第 3 年分配的碳排放量 $=1\,000+4\,800\times（1-1\,200/4\,800）/（5-1）=1\,900$（t）

四、交易市场规则

进入沙盘首页，单击页面右下角的"交易市场"图标，进入交易市场页面（见图 3-51）。交易市场包括"原料"和"产品"两个栏目。

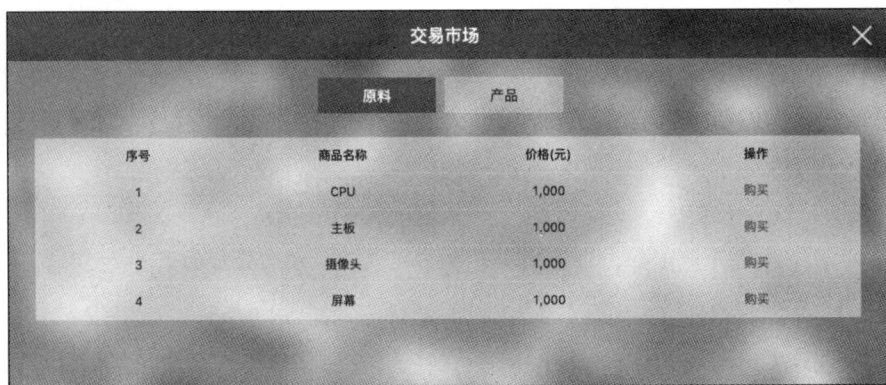

微课 3-8

图 3-51　交易市场页面

（一）紧急采购原料

当企业经营过程中出现原料不足的情况时，可以在交易市场中紧急采购原料。但是在交易市场中采购原料其价格是正常价格的 2 倍，所有原料的价格均为 1 000 元。

📖【HW 公司案例】

HW 公司急需采购 10 个 CPU。在"CPU"的操作中单击"购买"按钮（见图 3-51），在打开的对话框中输入下单数量"10"（见图 3-52），然后单击"确定"按钮。在原料库存中就会入库 10 个 CPU，成本为"10 000"（见图 3-53）。

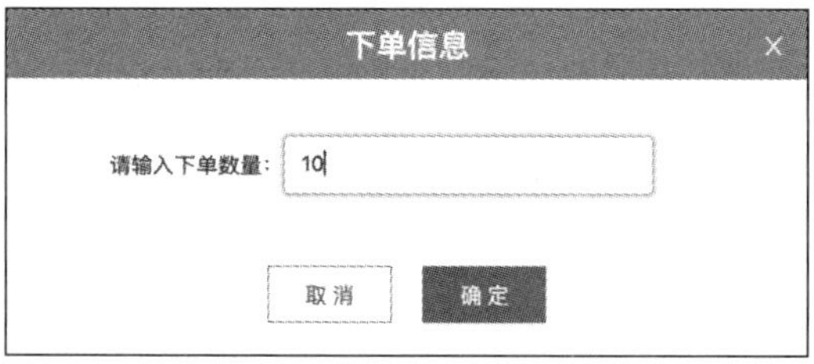

图 3-52　输入下单数量（原料）

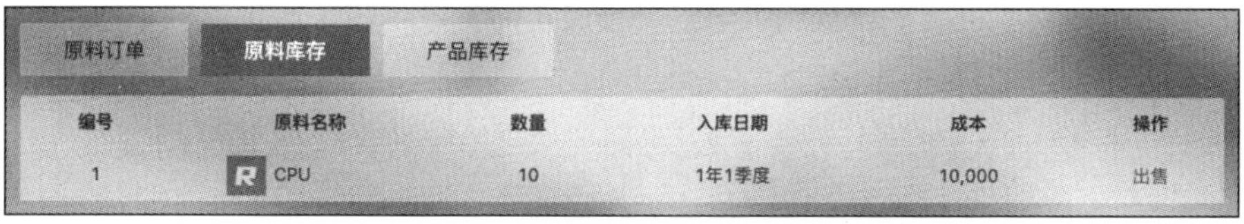

图 3-53　紧急采购原料入库

（二）紧急采购产品

当企业经营过程中出现产品库存不足无法交货的情况时，可以在交易市场中紧急采购产品。但是在交易市场中采购产品其价格是原成本价的 3 倍。畅享系列的价格为 3 600 元，P 系列为 5 400 元，Mate 系列为 9 000 元（见图 3-54）。

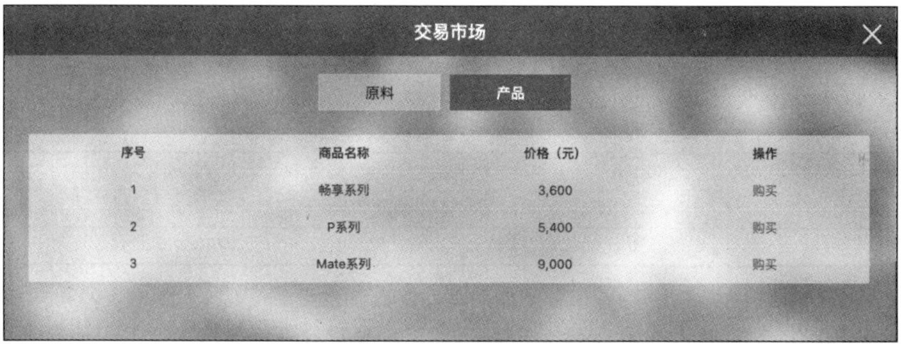

图 3-54　产品交易市场

📖【HW 公司案例】

HW 公司急需采购 2 个 P 系列商务版产品。在"P 系列"的操作中单击"购买"按钮（见图 3-54），在打开的对话框中选择特性为"商务版"，输入下单数量"2"（见图 3-55），然后单击"确定"按钮。在产品库存中就会入库 2 个 P 系列商务版产品，成本为"10 800"（见图 3-56）。

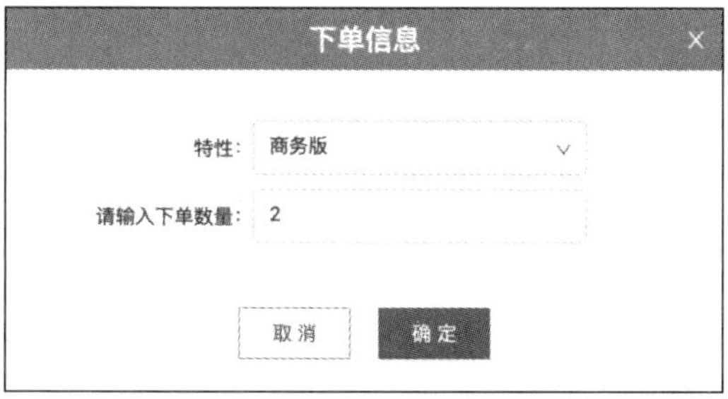

图 3-55　输入下单数量（产品）

图 3-56　紧急采购产品入库

五、生产数字化规则

生产数字化规则为本科版平台规则，学生可拓展学习，进一步了解生产数字化的发展方向。

微课 3-9

【实训过程】

一、制定生产线排程及预算

📖【HW 公司案例】

HW 公司第 1 年第 1 季度建设 1 条全智能线，第 3 季度开产 P1T1（畅享系列简约版）产品，第 4 季度空闲。如表 3-3 所示：在"生产线"下方对应的空格中填写"全智能线"，在"全智能线"右侧对应的第 1 季度空格中填写全智能线的购买价格"200 000"，第 2 季度用"—"表示"在建"状态，第 3 季度用"P1T1"表示"在产"状态，第 4 季度不填写内容表示"停产"状态。

表 3-3　HW 公司全智能线排程及预算

生产线	第 1 年			
	第 1 季度	第 2 季度	第 3 季度	第 4 季度
全智能线	200 000	—	P1T1	

HW 公司第 1 年第 1 季度建设 1 条全自动线，第 2 季度开产 P1T1（畅享系列简约版）产品，第 3 季度转产为 P2T2（P 系列青春版）产品，第 4 季度继续开产 P2T2 产品。如表 3-4 所示：在"生产线"下方对应的空格中填写"全自动线"，在"全自动线"右侧对应的第 1 季度空格中填写全自动线的购买价格"100 000"，第 2 季度用"P1T1"表示"在产"状态，第 3 季度用"5 000-P2T2"表示转产为 P2T2 且开产 P2T2，第 4 季度用"P2T2"表示"在产"状态。

表 3-4　HW 公司全自动线排程及预算

生产线	第 1 年			
	第 1 季度	第 2 季度	第 3 季度	第 4 季度
全自动线	100 000	P1T1	5 000-P2T2	P2T2

生产总监根据各年度计划制订生产线排程及预算，填写表 3-5。

表 3-5　生产线排程及预算　　　　　　　　　　　单位：元

生产线	第 1 年			
	第 1 季度	第 2 季度	第 3 季度	第 4 季度

续表

生产线	第1年			
	第1季度	第2季度	第3季度	第4季度
费用合计				

生产线	第2年			
	第1季度	第2季度	第3季度	第4季度
费用合计				

生产线	第3年			
	第1季度	第2季度	第3季度	第4季度

续表

生产线	第 3 年			
	第 1 季度	第 2 季度	第 3 季度	第 4 季度
费用合计				
生产线	第 4 年			
	第 1 季度	第 2 季度	第 3 季度	第 4 季度
费用合计				

二、制订产品设计计划

> 📖【HW 公司案例】
>
> HW 公司在第 1 年第 2 季度设计畅享系列简约版产品，第 3 季度设计 P 系列商务版产品。如表 3-6 所示：在"畅享系列""简约版"右侧对应的第 1 年第 2 季度空格里填写设计费用"1 000"，在"P 系列""商务版"右侧对应的第 1 年第 3 季度空格里填写设计费用"2 000"，其余空格不填。
>
> 表 3-6　HW 公司产品设计计划　　　　　　　　　　　单位：元
>
> | 产品+特性 | | 第 1 年 | | | |
> |---|---|---|---|---|---|
> | | | 第 1 季度 | 第 2 季度 | 第 3 季度 | 第 4 季度 |
> | 畅享系列 | 简约版 | | 1 000 | | |

续表

产品+特性		第 1 年			
		第 1 季度	第 2 季度	第 3 季度	第 4 季度
畅享系列	青春版				
	商务版				
P 系列	简约版				
	青春版				
	商务版			2 000	
Mate 系列	简约版				
	青春版				
	商务版				

生产总监根据各年度计划制订产品设计计划，填写表 3-7。

表 3-7　产品设计计划　　　　　　　　　　　　　　　　　　单位：元

产品+特性		第 1 年			
		第 1 季度	第 2 季度	第 3 季度	第 4 季度
畅享系列	简约版				
	青春版				
	商务版				
P 系列	简约版				
	青春版				
	商务版				
Mate 系列	简约版				
	青春版				
	商务版				
产品+特性		第 2 年			
		第 1 季度	第 2 季度	第 3 季度	第 4 季度
畅享系列	简约版				
	青春版				
	商务版				
P 系列	简约版				
	青春版				
	商务版				
Mate 系列	简约版				
	青春版				
	商务版				
产品+特性		第 3 年			
		第 1 季度	第 2 季度	第 3 季度	第 4 季度
畅享系列	简约版				
	青春版				
	商务版				

续表

产品+特性		第3年			
		第1季度	第2季度	第3季度	第4季度
P系列	简约版				
	青春版				
	商务版				
Mate系列	简约版				
	青春版				
	商务版				

产品+特性		第4年			
		第1季度	第2季度	第3季度	第4季度
畅享系列	简约版				
	青春版				
	商务版				
P系列	简约版				
	青春版				
	商务版				
Mate系列	简约版				
	青春版				
	商务版				

三、制订特性研发计划

【HW公司案例】

HW公司在第1年第2季度研发简约版特性，目标值为51，那么研发费用＝（51-1）×800＝40 000（元）。如表3-8所示，在"简约版"右侧对应的第1年第2季度空格里填写研发费用"40 000"，其余空格不填。

表3-8　HW公司特性研发计划　　　　单位：元

特性	第1年			
	第1季度	第2季度	第3季度	第4季度
简约版		40 000		
青春版				
商务版				

生产总监根据各年度计划制订特性研发计划，填写表3-9。

表3-9　特性研发计划　　　　单位：元

特性	第1年			
	第1季度	第2季度	第3季度	第4季度
简约版				
青春版				
商务版				

续表

特性	第 2 年			
	第 1 季度	第 2 季度	第 3 季度	第 4 季度
简约版				
青春版				
商务版				

特性	第 3 年			
	第 1 季度	第 2 季度	第 3 季度	第 4 季度
简约版				
青春版				
商务版				

特性	第 4 年			
	第 1 季度	第 2 季度	第 3 季度	第 4 季度
简约版				
青春版				
商务版				

四、制订主生产计划

📖【HW 公司案例】

　　HW 公司在第 1 年第 2 季度开产 50 个畅享系列简约版产品，于第 1 年第 3 季度入库，且第 1 年第 4 季度全部交货。如表 3-10 所示：在"畅享系列 P1""简约版 T1"右侧的"生产"对应的第 1 年第 2 季度空格里填写开产数量"50"，在"入库"对应的第 3 季度空格里填写入库数量"50"，在"交货"对应的第 4 季度空格里填写交货数量"50"，在"库存"对应的第 3 季度空格里填写"50"，其余空格不填写代表"0"。

表 3-10　HW 公司主生产计划——畅享系列产品　　　　　单位：个

畅享系列 P1		第 1 年			
		第 1 季度	第 2 季度	第 3 季度	第 4 季度
简约版 T1	生产		50		
	入库			50	
	交货				50
	库存			50	
青春版 T2	生产				
	入库				
	交货				
	库存				
商务版 T3	生产				
	入库				
	交货				
	库存				

生产总监根据各年度计划制订主生产计划，填写表 3-11 至表 3-13。

表 3-11　主生产计划——畅享系列产品　　　　单位：个

畅享系列 P1		第 1 年			
		第 1 季度	第 2 季度	第 3 季度	第 4 季度
简约版 T1	生产				
	入库				
	交货				
	库存				
青春版 T2	生产				
	入库				
	交货				
	库存				
商务版 T3	生产				
	入库				
	交货				
	库存				
畅享系列 P1		第 2 年			
		第 1 季度	第 2 季度	第 3 季度	第 4 季度
简约版 T1	生产				
	入库				
	交货				
	库存				
青春版 T2	生产				
	入库				
	交货				
	库存				
商务版 T3	生产				
	入库				
	交货				
	库存				
畅享系列 P1		第 3 年			
		第 1 季度	第 2 季度	第 3 季度	第 4 季度
简约版 T1	生产				
	入库				
	交货				
	库存				
青春版 T2	生产				
	入库				
	交货				
	库存				

续表

畅享系列 P1		第 3 年			
		第 1 季度	第 2 季度	第 3 季度	第 4 季度
商务版 T3	生产				
	入库				
	交货				
	库存				

畅享系列 P1		第 4 年			
		第 1 季度	第 2 季度	第 3 季度	第 4 季度
简约版 T1	生产				
	入库				
	交货				
	库存				
青春版 T2	生产				
	入库				
	交货				
	库存				
商务版 T3	生产				
	入库				
	交货				
	库存				

表 3-12　主生产计划——P 系列产品　　　　　　　　　　单位：个

P 系列 P2		第 1 年			
		第 1 季度	第 2 季度	第 3 季度	第 4 季度
简约版 T1	生产				
	入库				
	交货				
	库存				
青春版 T2	生产				
	入库				
	交货				
	库存				
商务版 T3	生产				
	入库				
	交货				
	库存				

P 系列 P2		第 2 年			
		第 1 季度	第 2 季度	第 3 季度	第 4 季度
简约版 T1	生产				
	入库				
	交货				
	库存				

续表

P 系列 P2		第2年			
		第1季度	第2季度	第3季度	第4季度
青春版 T2	生产				
	入库				
	交货				
	库存				
商务版 T3	生产				
	入库				
	交货				
	库存				

P 系列 P2		第3年			
		第1季度	第2季度	第3季度	第4季度
简约版 T1	生产				
	入库				
	交货				
	库存				
青春版 T2	生产				
	入库				
	交货				
	库存				
商务版 T3	生产				
	入库				
	交货				
	库存				

P 系列 P2		第4年			
		第1季度	第2季度	第3季度	第4季度
简约版 T1	生产				
	入库				
	交货				
	库存				
青春版 T2	生产				
	入库				
	交货				
	库存				
商务版 T3	生产				
	入库				
	交货				
	库存				

表 3-13 主生产计划——Mate 系列产品 单位：个

Mate 系列 P3		第 1 年			
		第 1 季度	第 2 季度	第 3 季度	第 4 季度
简约版 T1	生产				
	入库				
	交货				
	库存				
青春版 T2	生产				
	入库				
	交货				
	库存				
商务版 T3	生产				
	入库				
	交货				
	库存				
Mate 系列 P3		第 2 年			
		第 1 季度	第 2 季度	第 3 季度	第 4 季度
简约版 T1	生产				
	入库				
	交货				
	库存				
青春版 T2	生产				
	入库				
	交货				
	库存				
商务版 T3	生产				
	入库				
	交货				
	库存				
Mate 系列 P3		第 3 年			
		第 1 季度	第 2 季度	第 3 季度	第 4 季度
简约版 T1	生产				
	入库				
	交货				
	库存				
青春版 T2	生产				
	入库				
	交货				
	库存				

续表

Mate 系列 P3		第3年			
		第1季度	第2季度	第3季度	第4季度
商务版 T3	生产				
	入库				
	交货				
	库存				

Mate 系列 P3		第4年			
		第1季度	第2季度	第3季度	第4季度
简约版 T1	生产				
	入库				
	交货				
	库存				
青春版 T2	生产				
	入库				
	交货				
	库存				
商务版 T3	生产				
	入库				
	交货				
	库存				

五、制订物料需求计划

📖【HW 公司案例】

　　HW 公司在第1年第2季度开产50个畅享系列产品,那么在第1年第1季度需要提前订购50个CPU和50个主板。如表3-14所示:在"R1 CPU"右侧"订购"对应的第1年第1季度空格里填写订购数量"50",在"入库"对应的第2季度空格里填写入库数量"50",在"领用"对应的第2季度空格里填写领用数量"50",在"库存"对应的第1、2、3、4季度空格里均填写库存数量"0",在"付款"对应的第1、2、3、4季度空格内分别填写付款金额"0""25 000""0""0",在"合计"对应的"订购""入库""领用""库存""付款"中分别填写合计数"50""50""50""0""25 000",其余空格不填表示"0"。用同样的方法填写"R2 主板"的订购、入库、领用、库存、付款及合计数。在"付款金额合计"对应的第1、2、3、4季度及"合计"对应的空格里分别填写付款金额"0""50 000""0""0""50 000"。

表3-14　HW 公司物料需求计划

原料		第1年				
		第1季度	第2季度	第3季度	第4季度	合计
R1 CPU	订购/个	50				50
	入库/个		50			50

续表

原料		第1年				
		第1季度	第2季度	第3季度	第4季度	合计
R1 CPU	领用/个		50			50
	库存/个	0	0	0	0	0
	付款/元	0	25 000	0	0	25 000
R2 主板	订购/个	50				50
	入库/个		50			50
	领用/个		50			50
	库存/个		0			0
	付款/元	0	25 000	0	0	25 000
R3 摄像头	订购/个					
	入库/个					
	领用/个					
	库存/个					
	付款/元					
R4 屏幕	订购/个					
	入库/个					
	领用/个					
	库存/个					
	付款/元					
付款金额合计/元		0	50 000	0	0	50 000

生产总监根据各年度计划制订物料需求计划，填写表3-15。

表3-15 物料需求计划

原料		第1年				
		第1季度	第2季度	第3季度	第4季度	合计
R1 CPU	订购/个					
	入库/个					
	领用/个					
	库存/个					
	付款/元					
R2 主板	订购/个					
	入库/个					
	领用/个					
	库存/个					
	付款/元					
R3 摄像头	订购/个					
	入库/个					

续表

原料		第1年				
		第1季度	第2季度	第3季度	第4季度	合计
R3 摄像头	领用/个					
	库存/个					
	付款/元					
R4 屏幕	订购/个					
	入库/个					
	领用/个					
	库存/个					
	付款/元					
付款金额合计/元						

原料		第2年				
		第1季度	第2季度	第3季度	第4季度	合计
R1 CPU	订购/个					
	入库/个					
	领用/个					
	库存/个					
	付款/元					
R2 主板	订购/个					
	入库/个					
	领用/个					
	库存/个					
	付款/元					
R3 摄像头	订购/个					
	入库/个					
	领用/个					
	库存/个					
	付款/元					
R4 屏幕	订购/个					
	入库/个					
	领用/个					
	库存/个					
	付款/元					
付款金额合计/元						

原料		第3年				
		第1季度	第2季度	第3季度	第4季度	合计
R1 CPU	订购/个					
	入库/个					
	领用/个					
	库存/个					
	付款/元					

续表

原料		第3年				
		第1季度	第2季度	第3季度	第4季度	合计
R2 主板	订购/个					
	入库/个					
	领用/个					
	库存/个					
	付款/元					
R3 摄像头	订购/个					
	入库/个					
	领用/个					
	库存/个					
	付款/元					
R4 屏幕	订购/个					
	入库/个					
	领用/个					
	库存/个					
	付款/元					
付款金额合计/元						

原料		第4年				
		第1季度	第2季度	第3季度	第4季度	合计
R1 CPU	订购/个					
	入库/个					
	领用/个					
	库存/个					
	付款/元					
R2 主板	订购/个					
	入库/个					
	领用/个					
	库存/个					
	付款/元					
R3 摄像头	订购/个					
	入库/个					
	领用/个					
	库存/个					
	付款/元					
R4 屏幕	订购/个					
	入库/个					
	领用/个					
	库存/个					
	付款/元					
付款金额合计/元						

六、编制加工费核算

> **【HW 公司案例】**
>
> HW 公司第 1 年第 1 季度建设 1 条全自动线，第 2、3、4 季度分别开产 50 个 P1（畅享系列）产品。全自动线需要配置 2 名初级工人和 1 名高级技工，1 条全自动线每次开产需要支付的开产费=50×（50×2+100）=7 500（元）。如表 3-16 所示：在"生产线"下面的空格中填写"全自动线"，在"全自动线"右侧对应的第 1 年第 2、3、4 季度对应的空格中分别填写加工费"7 500"，"合计"中分别填写对应的合计数。
>
> 表 3-16　HW 公司加工费核算　　　　单位：元
>
> | 生产线 | 第 1 年 | | | | |
> |---|---|---|---|---|---|
> | | 第 1 季度 | 第 2 季度 | 第 3 季度 | 第 4 季度 | 合计 |
> | 全自动线 | | 7 500 | 7 500 | 7 500 | 22 500 |
> | 合计 | | 7 500 | 7 500 | 7 500 | 22 500 |

生产总监根据各年度生产线排程编制加工费核算，填写表 3-17。

表 3-17　加工费核算　　　　单位：元

生产线	第 1 年				
	第 1 季度	第 2 季度	第 3 季度	第 4 季度	合计
合计					

生产线	第 2 年				
	第 1 季度	第 2 季度	第 3 季度	第 4 季度	合计

续表

生产线	第2年				
	第1季度	第2季度	第3季度	第4季度	合计
合计					

生产线	第3年				
	第1季度	第2季度	第3季度	第4季度	合计
合计					

生产线	第4年				
	第1季度	第2季度	第3季度	第4季度	合计
合计					

七、按计划实操沙盘

请各组生产总监按照各年年度计划，配合其他部门实操沙盘。

【实训总结】

请各组生产总监撰写各年经营总结。

项目拓展

华为智能制造：数字化转型让生产更具效能

数字化转型是近年来几乎所有企业面临的课题，是企业提升效率的必由之路。不同于多年前互联网引发的信息化，强调把信息链接起来，数字化的核心是人工智能，强调的是用数字来驱动整个世界的变革。作为一家科技企业，华为很早就开始自己的数字化转型之路，在智能生产、用户体验方面都做了很好的探索和尝试。

在工业时代，企业通过精益生产来提升效率、持续优化、创造价值。到了数字时代，"智能制造"会为"精益生产"插上一双急速飞行的翅膀。2014年之前，华为的一条手机生产线需要配备86个工人。现在，华为每28.5秒就能产出一部手机，从物料上线到最后手机包装完成，整个流程只需要14个人，产出还可以做进一步提升。2014年到2020年，华为工厂的生产效率平均每年提升超过30%，7年时间提高了6倍。这些都是智能工厂给华为带来的效能提升。

华为在智能制造上有很多经验值得借鉴，例如，在智能工厂建设的过程中，首先要搭好数据底座，与产品生产相关的人、机器、物料、工艺流程和环境都能被计算机识别，实现全量全要素的连接和实时反馈系统的构建。不仅设计、研发和制造要使用这个数据底座，采购、供应链和安装服务环节也要用它，同时还延伸到了供应商和客户。

华为曾经有一次在生产过程中发现一批手机开不了机，这是非常严重的产品质量事故。事后分析发现，是因为某个供应商提供的一种物料有问题。损失暂且不说，这种事后管理的生产模式会让企业非常被动。发生这次事故的其中一个重要原因就在于，华为工厂当时没有把供应商器件的质量信息提前接进生产系统里。后来，华为和供应商一起合作，打通了物料的质量信息，华为不仅能知道某个物料属于哪个供应商，还能知道生产批次、产品序列号、生产日期、关键的生产过程参数等。再配合管理模式改进，华为从此避免了产品批量出现质量事故的问题。

有了全量全要素的数据底座，能做的不只是信息核查，华为搭建了一个能实时监控物料质量的算法系统，实时接入了供应商的生产测试数据。这样一来，华为工厂在物料刚生产出来的时候就能知道它是不是有问题，如果有问题，还能知道哪个工序、哪台设备、哪个人、在哪个环节出了问题，自动通知供应商去处理，也就大大地提升了华为原材料的质量。智能生产只是华为数字化转型中很小的一个侧面，智能制造同时提升的也是整个制造企业的效率。

思考：

1. 我国是制造业大国，你认为还有哪些企业特别适合通过智能化生产为企业赋能？
2. 你认为在智能化生产的过程中，关键要素有哪些？

中华优秀传统管理案例

我国古代的招投标制度

今天，每当人们说起招投标制度的历史时，许多人都以为英国是世界上第一个采用招投标交易方式的国家。但早在宋朝，我国就已经发展出一套非常成熟且完备的类似招投标的制度。

宋人的制度叫作"买扑"。买，即买卖；扑，即博弈。"买扑"的意思就是竞价买卖。宋朝的"买扑"制度广泛应用于特许经营权拍卖、官田出让与请佃、商税承包、政府采购等范围，并形成了一套非常成熟的程序。

首先，主持拍卖的州府要对拿出来"招标"的"东西"（比如某处客栈的三年经营权）进行估价，设定底价。标底确定下来之后，便可以公告了，包括说明州府这次要拍卖的是什么，位于何处，底价几何，欢迎有意竞买者在限期内参与。

其次，进入"投标"的程序。州府命人制造了一批木柜并锁好，送到辖下各县镇，凡符合资格、有意"投标"的人，都可以在规定的期限内，填好自己愿意出的竞买价与"投标"时间，密封后投入柜中。

最后，便是"评标"的程序。木柜的拆封必须是公开的，有州府多名官员在场，并允许公众观看。宋朝的"评标"标准通常采取最高价原则，即出价最高之人"中标"，如果出最高价的有两人及以上，即以先"投标"的那个人胜出。"中标"人倘若反悔，要按其出价的10%进行罚款。

整个"招投标"过程要公开、公正。"中标"人确定之后，由州府给"中标"人颁发"公凭"，实质上就是订立合同。

这就是流行于宋朝的处理国有资产流转的"买扑"制。

巩固与提高

一、不定项选择题

1. PDCA循环是全面质量管理最重要的一种管理工作方法，D代表（   ）。
   A. 计划　　　　B. 执行　　　　C. 检查　　　　D. 处理

2. （   ）是根据客户订单与市场需求预测，将综合生产计划中的产品系列具体化，确定最终产品在具体时间段内生产数量的安排。
   A. 主生产计划　　B. 物料需求计划　　C. PDCA循环　　D. 4P营销策略

3. 全自动线的购买价格为（　　　）元。

    A. 50 000　　　　　　B. 100 000　　　　　　C. 150 000　　　　　　D. 200 000

4. 传统线的安装周期为（　　　）季度。

    A. 0　　　　　　　　B. 1　　　　　　　　　C. 2　　　　　　　　　D. 3

5. 全智能线的转产价格为（　　　）元。

    A. 0　　　　　　　　B. 1 000　　　　　　　C. 5 000　　　　　　　D. 10 000

6. 生产线折旧够年限时的价值称为（　　　）。

    A. 维修费　　　　　　B. 折旧　　　　　　　C. 残值　　　　　　　D. 转产价格

7. 生产线处于（　　　）状态时，可以将其进行转产。

    A. 转产　　　　　　　B. 在产　　　　　　　C. 开产　　　　　　　D. 停产

8. 生产线线型包括（　　　）。

    A. 柔性线　　　　　　B. 传统线　　　　　　C. 全自动线　　　　　　D. 全智能线

9. 生产 P 系列产品需要的原料包括（　　　）。

    A. CPU　　　　　　　B. 主板　　　　　　　C. 摄像头　　　　　　　D. 屏幕

10. 特性的（　　　）对企业获取订单有帮助。

    A. 初始研发值　　　　B. 单位研发费用　　　C. 研发上限　　　　　　D. 当前研发值

二、填空题

1. 生产总监操作页面包括＿＿＿＿、＿＿＿＿、＿＿＿＿、＿＿＿＿、＿＿＿＿5 个子操作。

2. "班次"指生产线上工人的工作时长，分为＿＿＿＿＿＿＿和＿＿＿＿＿＿＿。

3. 原料到货后，如果当季度未完成收货操作，系统自动收货并且扣减企业＿＿＿＿＿＿＿。

4. 无论何时出售生产线，收回等于＿＿＿＿＿＿＿＿＿的资金。

5. 企业可在"特性研发"中研发特性，每次研发目标值不得小于＿＿＿＿＿＿＿。

三、计算题

1. 某公司建设 1 条全自动线，为该生产线配置 2 名效率均为 80% 的初级工人和 1 名效率为 90% 的高级技工，并配置 8 时制，则该全自动线的实际产量为多少？

2. HW 公司在第 3 年第 1 季度开产 1 条全智能线生产 Mate 系列产品，经配置后的产量为 90，则该次开产产生的碳排放量为多少？

四、简答题

某公司于第 1 年第 1 季度建设 1 条全智能线，那么第 2 年系统何时扣除该生产线的维修费？何时计提折旧？

人力资源

学习目标

知识目标：

1. 了解招聘管理、薪酬管理和培训管理的相关知识
2. 了解数字人力的概念及核心要素
3. 掌握人力总监操作规则，理解操作步骤及其逻辑关系

能力目标：

1. 能够熟练运用人力规则操作人力总监平台
2. 能够根据生产计划制订人力资源计划并进行人力资源管理
3. 能够熟练使用 Excel 工具制订年度人力资源计划

素质目标：

1. 培养沟通协作及规划能力
2. 培养共赢理念，树立诚信原则，遵守职业道德

项目导学

数字驱动，科技赋能——银行业数字员工的建设浪潮

伴随数字经济的高速发展，由 AI 和 RPA（Robotic Process Automation，机器人流程自动化）等技术驱动的数字员工风潮正席卷全球，银行业作为数字化转型的主力军，正加紧构建以 AI 技术为主的数字员工，与自然人实现人机协作，在智能客服、智能外呼、智能运营、智能营销、智能风控和柜面终端等方面发挥关键作用。

2023 年 11 月 29 日，中国银行业协会发布了《远程银行虚拟数字人应用报告》（以下简称《报告》），全面展现了远程银行虚拟数字人应用成果。《报告》显示，在 42 家参与调研的客服中心与远程银行中，有 11 家落地应用虚拟数字人，另有 5 家正在筹建。这 11 家银行的数字人可以为客户提供从咨询到指引再到办理的全旅程陪伴式服务。

2019 年，由 AI 驱动的 3D 金融数字人"小浦"正式亮相，成为浦发银行首位数字员工。通过 AI、RPA 及数字孪生等前沿技术，小浦对标真人岗位角色、业务能力，成为业内首个综合运用 3D 人像实时驱动、多模态交互、自然语言处理、情绪识别等前沿技术，在"金融云"上运行的规模化数字人金融应用。2020 年 12 月，光大银行也正式推出了 001 号数字员工，融合最先进的 AI、人脸识别、声纹识别等技术手段，打造人们"身边"的"懂金融的朋友"。2021 年年底，百信银行推出了首位数字员工——AIYA 艾雅，并成为该行的 AI 虚拟品牌官，是未来银行与年轻用户进行品牌心智对话、打造沉浸式服务体验的重要形式。近年来，数字员工的建

设，在金融体系成为浪潮。

随着 AI 技术的逐步成熟，数字员工通过丰富的交易、对话数据等训练，获得了更快的反应速度，拥有了更丰富的服务体系，逐渐向"高级员工"转型升级。数字人作为一种新型劳动力，如今越来越多地应用于企业的生产经营活动中，为企业的人力资源储备和管理带来了全新的解决方案。

在本项目中，我们将进行招聘管理、薪酬管理及培训管理等人力资源管理理论的学习，并将其应用于实操项目中。

知识准备

一、人力资源

（一）招聘管理

员工招聘是组织获取合格人才的渠道，是组织为了生存和发展，根据人力资源规划和工作分析的结果，通过发布信息和科学甄选获得所需人才，并安排他们到相关岗位上工作的过程。员工招聘建立在人力资源规划和工作分析的基础之上。人力资源规划决定了要招聘的职位、部门、数量、时限等因素；工作分析则对企业中各职位的责任和所需素质进行分析，为招聘提供主要参考依据，同时为应聘者提供职位的详细信息。

招聘实际上包含两个相对独立的过程，即招募（Recruitment）和甄选（Selection）。招募是聘用的基础和前提，聘用是招募的目的和结果。招募主要通过宣传来扩大影响，树立组织形象，达到吸引更多的人来应聘的目的。甄选是采取科学的测评方法选择符合要求的人来填补职务空缺。所以，招聘的过程就是企业选择合适人才的过程。

（二）薪酬管理

员工因完成工作而得到的所有形式的回报统称为报酬。报酬包括内在报酬（Intrinsic Rewards）和外在报酬（Extrinsic Rewards）两种。

1. 内在报酬

内在报酬是指员工因完成工作而获得的精神满足感，对个人而言是内在的，通常是因为参与特定的任务和活动而带来的心理体验，如工作满意度、成就感等。

2. 外在报酬

外在报酬可由组织直接控制和分配，包括货币报酬和非货币报酬。货币报酬可进一步划分为基本工资（Base Pay）和激励工资（Incentive Pay）。员工因完成工作而得到的工资为基本工资，基本工资是反复发放的，只要员工在岗就可以持续得到；激励工资是因员工部分或完全达到某一事先制定的标准而得到的奖励。与基本工资不同，激励工资是一次性的，是否发放取决于员工能否达到预定标准。非货币报酬即通常所说的员工福利（Employee Benefits），包括公司提供的所有的非工作时间报酬、员工服务和保障计划。

（三）培训管理

培训是提高企业员工人力资本存量，实施人力资源开发战略的有效途径。对企业而言，培训可以发掘人的潜能，发挥人才的作用，为企业目标的实现服务；对员工个体而言，培训可以使员工适应新环境，掌握新技术，了解新的企业任务。员工通过培训会要求分配更具挑战性的工作，企业则变"一次性教育"为继续教育、终身教育。

培训的目的和作用如下。

（1）可以提高员工的工作绩效水平。培训作为一种继续教育、终身教育形式，可以弥补学校教育的不足，帮助员工在经济、技术的不断发展中完善自身的知识结构、能力结构，能够大大提高企业和个人的工作绩效水平。

（2）增强组织或个人的应变能力、适应能力和创造能力。一个企业的技术设备可以购买，资金可以借用，少数专门人才也可以引进，但是员工队伍整体素质的提高，只能通过加强培训来实现。培训可以使企业员工的整体素质保持在一个较高的水平上，从而保证企业发展对人力资源的需求。

（3）建立优秀的企业文化，提高员工对企业的认同感和归属感。员工培训可以使具有不同价值观、信念、工作作风及习惯的人，按照时代及企业经营要求，通过企业文化教育，形成统一、团结、和谐的工作集体，使劳动生产率得到提高，员工的工作及生活质量得到改善。

（4）提高员工满意度。经过培训，员工不但在知识和技能上有所提高，自信心增强，而且能够感受到管理层对他们的关心和重视。这使得员工士气和员工满意度得以提高，在一定程度上也降低了员工的缺勤率和流失率。

二、数字人力与企业数字化

人力资源管理是指企业通过科学、系统的方式来规划、组织、指导和控制人力资源，以实现企业的目标的过程。它包括企业人员的招聘和选拔、配置和使用、培训和发展以及激励和留才。当今社会背景下，人力资源管理和企业数字化相互促进发展，例如，企业人力资源部门可以通过AI技术进行人才面试；借助大数据技术生成人才画像和岗位画像，将两者相匹配；依托数字技术中的云技术为企业内部人员进行档案管理。此外，人力资源部门也需要帮助员工适应数字化的环境，例如进行数字技能的培训和提升。在数字时代的今天，数字人力和企业数字化之间充满千丝万缕的联系，两者需要紧密配合。

（一）数字人力的概念

数字人力是指借助数智化技术获取、分析和整合一切有价值的数据，构建全新的人力资源管理模式。数字人力的主要应用场景体现在企业选人、用人、育人和留人的各个方面。

1. 选人

选人，即招聘和选拔。采用数智化技术，将招聘需求与职位资格建立匹配；设置机器人与求职者先行沟通，将求职者进行分类；AI模拟面试对应试者表现进行智能测评，提升效率和质量。

2. 用人

用人，就是实现人才的配置和使用。借助数智化技术，将企业内部人才进行盘点，生成人才地图，便于各层级管理者实时掌握自身管理权限范围内的人才数量和质量的动态变化情况。

3. 育人

育人，就是人才的培养和发展。数智化背景下可建立一个完整的员工培训发展平台，为员工提供灵活的培训时间和场景，员工可自行选择所需的培训内容，平台定时对员工培训的数据进行分析，为员工提供智能化、可参考的发展计划。

4. 留人

留人，即激励和留才。传统的人才激励模式已不适用于当今社会的发展，人性化、便利的云激励方案和云技术下的管理模式应运而生。

（二）数字人力的核心要素

作为企业管理的重要组成部分之一，人力资源管理对于企业的发展有着至关重要的影响，越来越多的企业想要通过数字人力的使用来提升人力资源管理的效率和质量。那么，实现数字人力的核心就是要实现模型、决策和流程的数字化。

1. 模型数字化

数字人力与普通的人事信息化管理的不同在于，数字人力在数据信息范畴方面所包括的内容更多，比如员工的基础数据信息、员工的工作过程及动态数据、员工的工作能力与业绩等。在数据当道的今天，数字人力应用的核心就是构建数字人力模型。模型数字化需要将获取的所有数据信息进行分析，有规划、有目的地进行有效分类。

2. 决策数字化

基于数据的获取、分析和整合，数字人力在企业管理决策方面具有非常大的影响力。构建深度的模型逻辑关系，将数字人力运用到数据分析与人才管理当中，通过相应的算法和数据来深挖企业存在的管理问题和面临的未知风险，通过相应的数据监测保证企业运营健康、企业内部效能稳定，智能化地将各项数据准时推送给决策层，使决策层更好地了解企业人才的状况，以便做出最优决策。

3. 流程数字化

数字人力在原有人力资源管理流程的基础上，运用大数据、云服务、移动互联网、AI等技术，对人力资源管理的面试结果、任职资格评估、培训发展、能力评估和档案管理等方面加以渗透，实现数字化的云平台操作，确保数字人力整个管理流程高效进行。

项目实训

【实训准备】

一、人力总监操作规则

进入沙盘首页，单击页面右边的"人"图标，进入人力总监操作页面（见图4-1）。页面右侧有4个子操作，分别为"选""用""育""留"。这4个子操作的具体内容分别为"招聘管理""岗位管理""培训管理""激励管理"。

（一）招聘管理

在人力总监操作页面单击"选"图标，进入招聘管理页面（见图4-2）。招聘管理包括"人力资源需求"和"人力资源市场"两个栏目。

微课 4-1

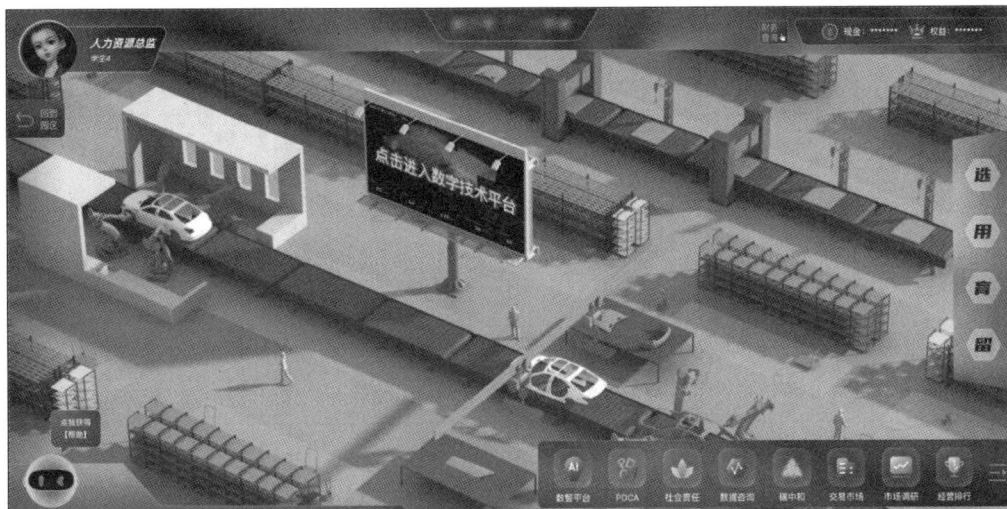

图 4–1 人力总监操作页面

序号	姓名	等级	基础效率	期望月薪(元)	操作
1	程秀	初级工人	45%	490	发offer
2	陶译	初级工人	52%	450	发offer
3	吴友	初级工人	51%	525	发offer
4	戴木	初级工人	58%	510	发offer

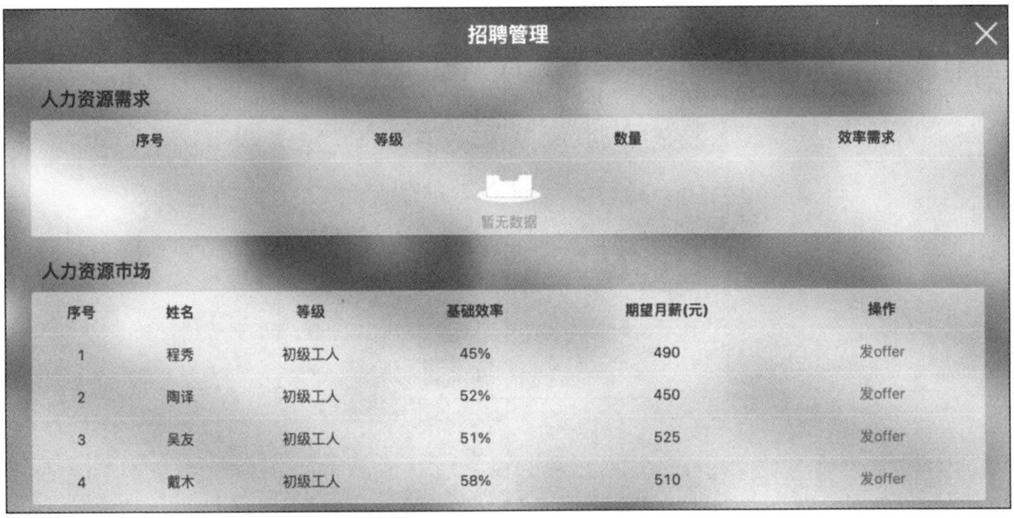

图 4–2 招聘管理页面

1. 人才需求

生产总监提报的招聘需求信息同步到“人力资源需求”中（见图 3-7），人力总监根据人才需求招聘人才。

2. 人才信息

系统随机投入一批工人，在“人力资源市场”中列示工人的姓名、等级、基础效率、期望月薪等信息（见图 4-2）。人力资源市场不参与竞争，工人不会因各企业发的薪资不同而择优入职。

3. 招聘规则

初级工人月平均期望工资为 500 元，计件工资为每件 50 元，平均效率为 50%，每季度“人力资源市场”中的数量为 30 人；高级技工每月平均期望工资为 1 500 元，计件工资为每件 100 元，平均效率为 60%，每季度“人力资源市场”中的数量为 40 人。“人力资源市场”中每季度工人数量都会按规则中数量补充，因此每季度市场中的工人数量均为“70”（见图 4-3）。

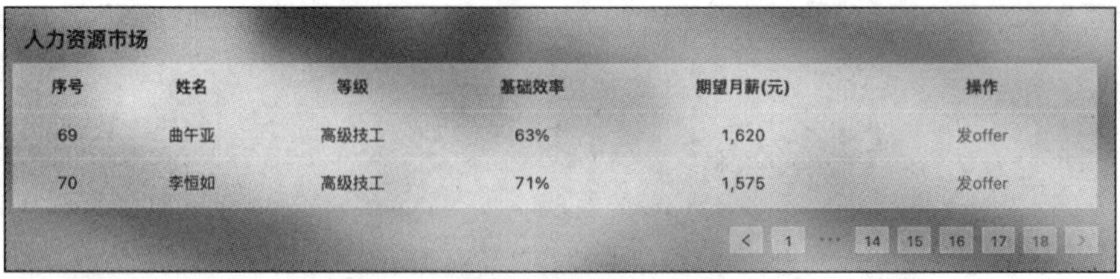

图 4-3　人力资源市场

4. 发放 offer

人力总监根据等级、基础效率、期望月薪选择性价比较高的工人，并发放 offer。offer 发放完成可修改工人工资，以最后一次录入的薪资为准。

📖【HW 公司案例】

HW 公司第 1 年第 1 季度需要招聘 1 名初级工人。人力总监经对比分析后选择录用戴木（见图 4-2），单击"发 offer"按钮，在打开的对话框中输入薪酬"500"（见图 4-4），然后单击"确定"按钮，即可成功发放 offer（见图 4-5）。单击"查看 offer"按钮，即可查看已发放 offer 的薪酬情况（见图 4-6）。单击"修改"按钮（见图 4-5），在打开的对话框中输入薪酬"510"（见图 4-7），然后单击"确定"按钮即可修改薪酬。

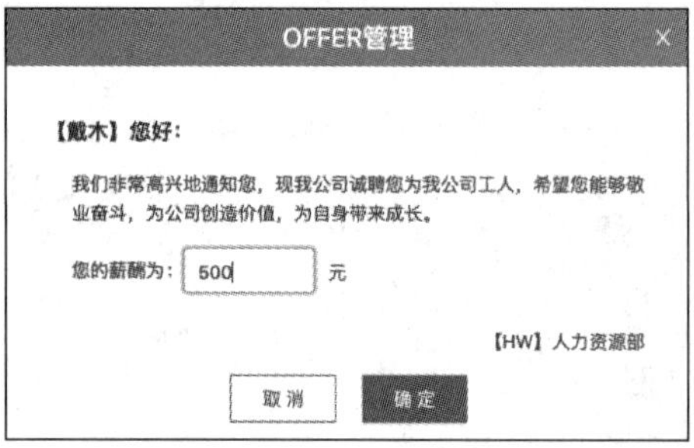

图 4-4　输入薪酬

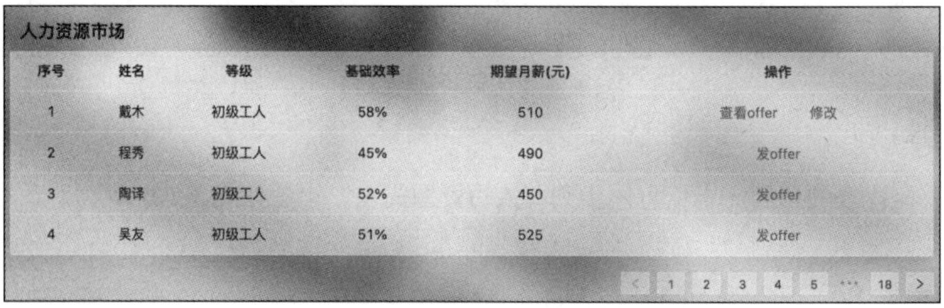

图 4-5　发 offer 后

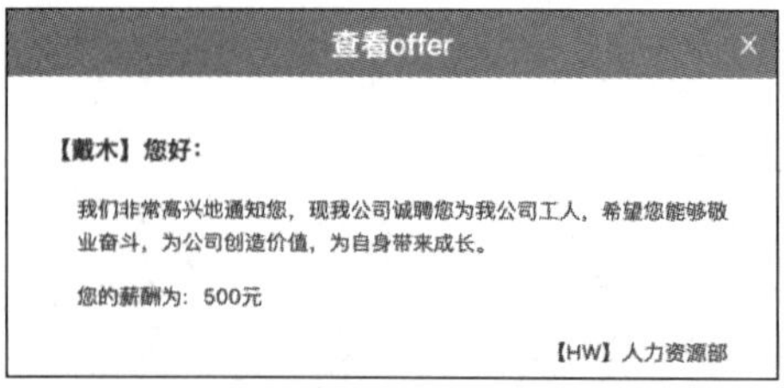

图 4-6　查看 offer

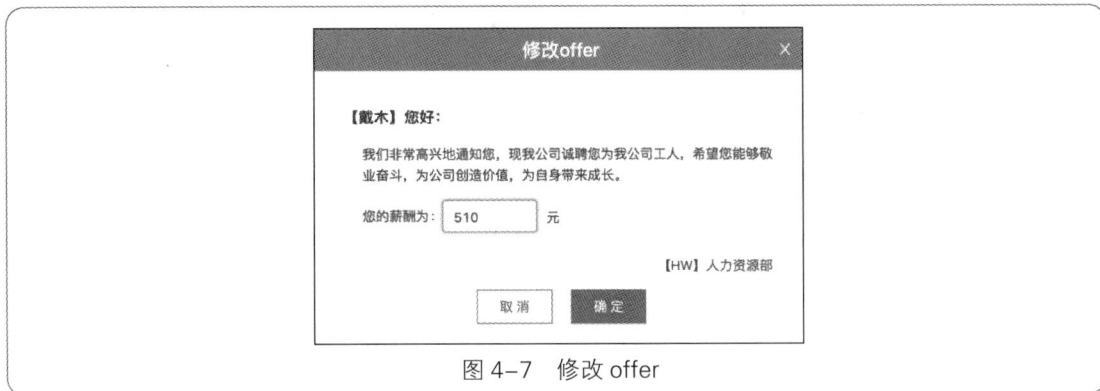

图 4-7　修改 offer

5. 开出工资

工人是否入职取决于人力总监开出的工资高低。设发放 offer 时开出工资为 X，工人期望工资为 M；当 $X/M<70\%$ 时，工人一定不会入职；当 $70\%\leq X/M<100\%$ 时，工人随机入职；当 $X/M\geq100\%$ 时，工人一定入职。

📖【HW 公司案例】

　　HW 公司招聘 1 名初级工人，戴木的期望工资为 510，公司开出 510 元工资。

　　则：$X=510$，$M=510$，$X/M=510/510=100\%$，戴木一定入职。

（二）岗位管理

在人力总监操作页面单击"用"图标，进入岗位管理页面（见图 4-8）。岗位管理包括"人才列表"一个栏目。

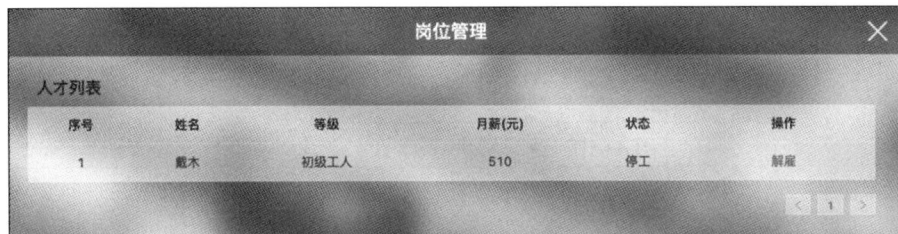

图 4-8　岗位管理页面

1. 工人入职

企业发放 offer 后，教师端切到下季度时，在"人才列表"中可查看工人是否入职。

📖【HW 公司案例】

　　HW 公司第 1 年第 1 季度招聘了 1 名初级工人戴木，那么戴木于第 1 年第 2 季度入职，在"人才列表"中可查看到戴木的具体信息（见图 4-8）。

2. 在职工人信息

"人才列表"中显示了本企业所有的在职工人，并列示出各工人的姓名、等级、月薪、状态等信息（见图 4-9）。

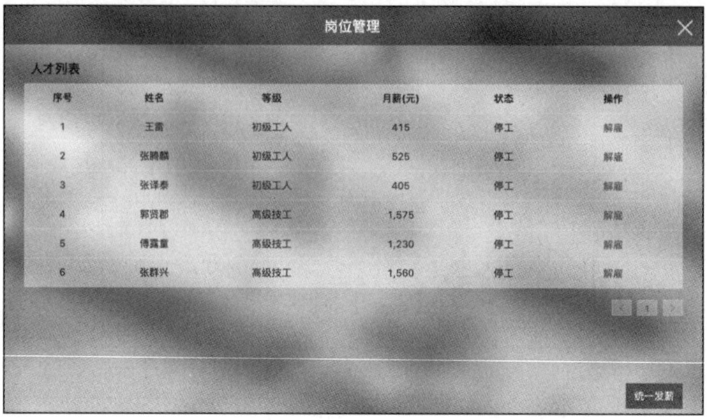

序号	姓名	等级	月薪(元)	状态	操作
1	王蕾	初级工人	415	停工	解雇
2	张鹏麟	初级工人	525	停工	解雇
3	张译泰	初级工人	405	停工	解雇
4	郭贤郡	高级技工	1,575	停工	解雇
5	傅露童	高级技工	1,230	停工	解雇
6	张群兴	高级技工	1,560	停工	解雇

图 4–9 人才列表

3. 工人状态

在职工人有以下三种状态：“工作中”表示该工人正在生产中，无法进行其他操作；“培训中”表示该工人正在接受培训，无法进行其他操作；“停工”表示该工人可配置生产线、培训或解雇。

4. 发薪

企业发放薪水时一键发放全部薪水，每季度发放一次，发放金额=月薪×3。

【HW 公司案例】

HW 公司发放一个季度薪水。单击“统一发薪”按钮（见图 4-9），系统自动计算薪水金额（见图 4-10），单击“确定”按钮，即可全部发放。

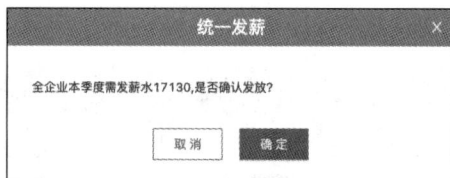

图 4–10 统一发薪

5. 解雇

企业可解雇“停工”状态的工人，解雇时需要支付赔偿金。解雇时如果工人处于欠薪状态，需要先支付薪水再解雇。

【HW 公司案例】

HW 公司解雇高级技工傅露童。首先确认傅露童处于“停工”状态（见图 4-9），单击“解雇”按钮，在打开的对话框中单击“确定”按钮（见图 4-11），系统自动计算并扣除赔偿金，该工人被解雇（见图 4-12）。

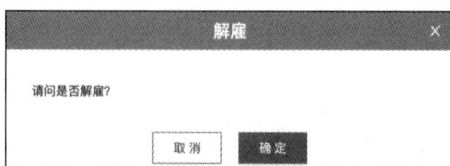

图 4–11 解雇

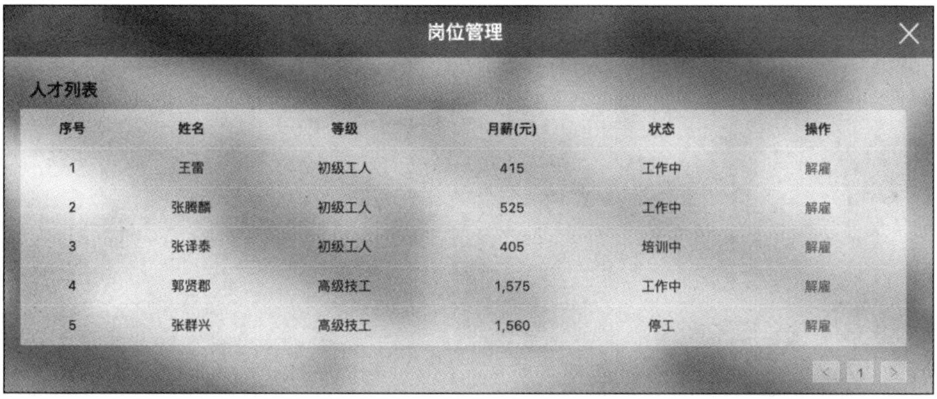
岗位管理

人才列表

序号	姓名	等级	月薪(元)	状态	操作
1	王雷	初级工人	415	工作中	解雇
2	张腾麟	初级工人	525	工作中	解雇
3	张译泰	初级工人	405	培训中	解雇
4	郭贤郡	高级技工	1,575	工作中	解雇
5	张群兴	高级技工	1,560	停工	解雇

图 4–12 解雇后的人才列表

6. 解雇赔偿金

企业解雇工人时需要支付赔偿金，赔偿金=（N+1）×月薪。其中，N 为工人入职年限，向上取整。

【HW 公司案例】

HW 公司解雇高级技工傅露童，其月薪为 1 230 元，入职日期为第 1 年第 2 季度，解雇日期为第 1 年第 3 季度，其入职年限不足 1 年，向上取整 N=1。

则：赔偿金=（1+1）×1 230=2 460（元）

7. 工资拖欠

若工人某季度未被发放薪水，视为工资拖欠。跨越季度时系统强制扣除工资，且被拖欠工资的工人效率减半。若工人被连续拖欠工资两个季度，则该工人直接离职，企业被强行扣除等同于解雇的赔偿金，并扣除 5 点商誉值。

【HW 公司案例】

HW 公司有 5 名在职工人（见图 4-13），拖欠 1 个季度工资后工人效率减半（见图 4-14）；拖欠 2 个季度工资后工人全部离职（见图 4-15）。

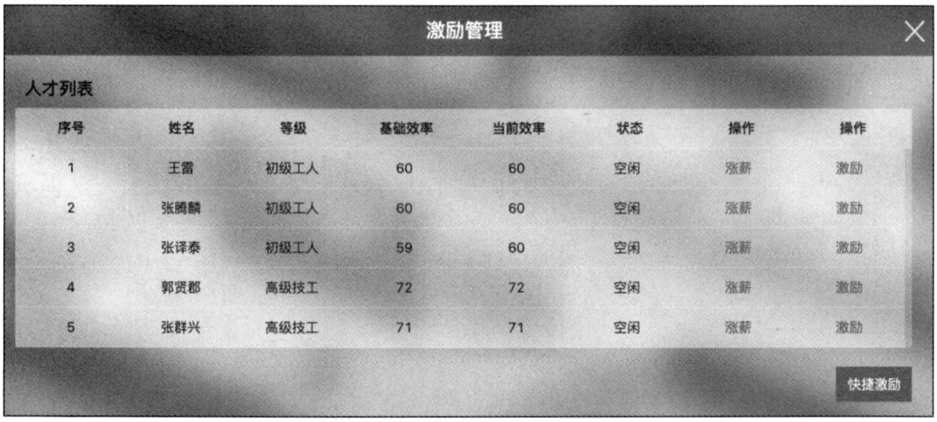
激励管理

人才列表

序号	姓名	等级	基础效率	当前效率	状态	操作	操作
1	王雷	初级工人	60	60	空闲	涨薪	激励
2	张腾麟	初级工人	60	60	空闲	涨薪	激励
3	张译泰	初级工人	59	60	空闲	涨薪	激励
4	郭贤郡	高级技工	72	72	空闲	涨薪	激励
5	张群兴	高级技工	71	71	空闲	涨薪	激励

快捷激励

图 4–13 在职工人初始效率

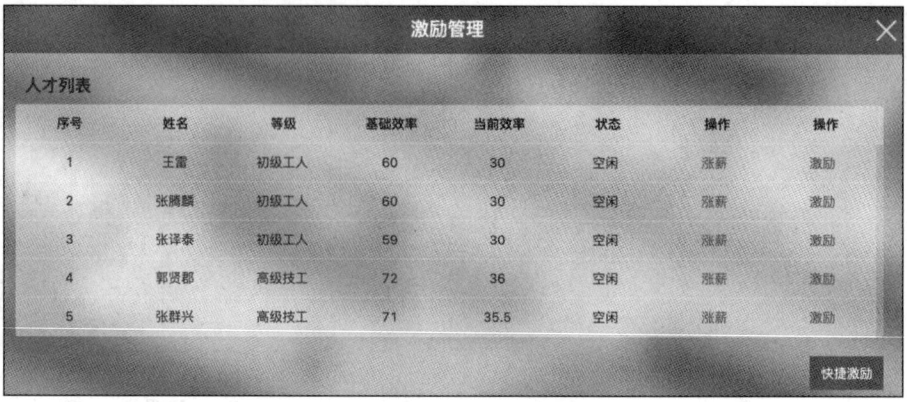

图 4-14　工人效率减半

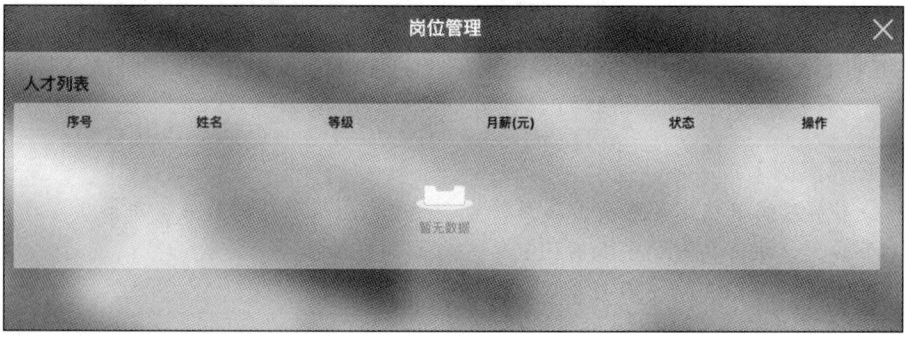

图 4-15　工人全部离职

（三）培训管理

在人力总监操作页面单击"育"图标，进入培训管理页面（见图 4-16）。培训管理包括"人才列表"和"培训管理"两个栏目。

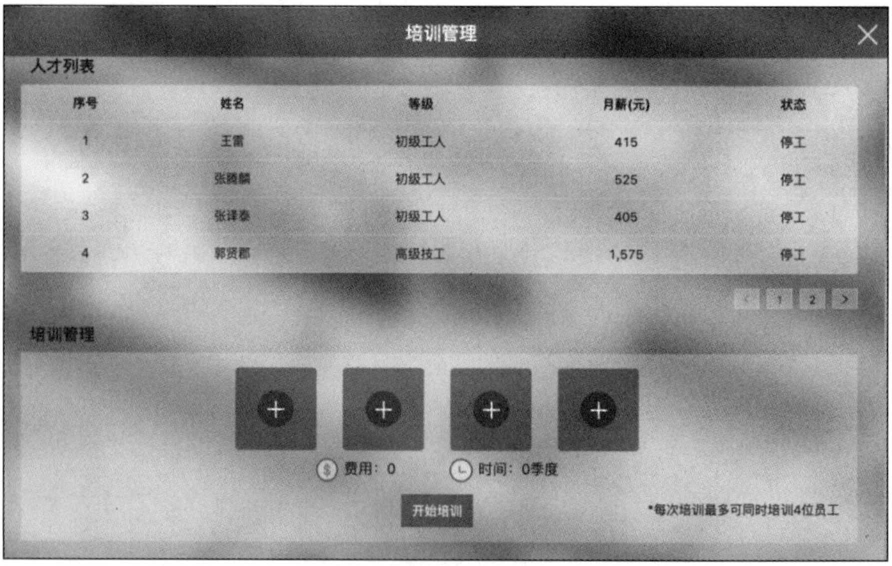

微课 4-3

图 4-16　培训管理页面

1. 培训规则

为提升工人的等级，企业可对低等级工人进行培训。培训 1 个初级工人消耗现金为 5 000 元，消耗时间为 1 个季度，培训期间无法对工人进行生产线的配置。企业只能对初级工人进行培训，培训后升级为高级技工，高级技工无法培训。培训完成后，工人的工资涨幅为 100%（见图 4-17）。

培训名称	消耗现金(元)	消耗时间(季)	原岗位	培训后岗位	工资涨幅(%)
升级培训	5000	1	GR1	GR2	100

图 4-17　培训规则

【HW 公司案例】

HW 公司于第 1 年第 3 季度培训初级工人张译泰，其月薪为 405 元，培训前效率为 60%。那么第 1 年第 3 季度该工人在培训期间不可配置生产线，第 1 年第 4 季度培训完成后方可配置生产线。该培训消耗现金 5 000 元，培训后该工人工资=405×（1+100%）=810（元），培训后该工人效率不变，依然为 60%。

2. 培训员工

企业可在"培训管理"中对处于"停工"状态的初级工人进行培训。

【HW 公司案例】

HW 公司培训初级工人张译泰，首先在"人才列表"中确认张译泰处于"停工"状态（见图 4-16），然后在"培训管理"中单击"+"按钮，在打开的对话框中选择"张译泰"（见图 4-18），然后单击"确定"按钮，返回培训管理页面。单击"开始培训"按钮（见图 4-19），张译泰的状态更新为"培训中"（见图 4-20）。经过 1 个季度的培训后，张译泰的等级升为"高级技工"，且月薪翻倍（见图 4-21）。

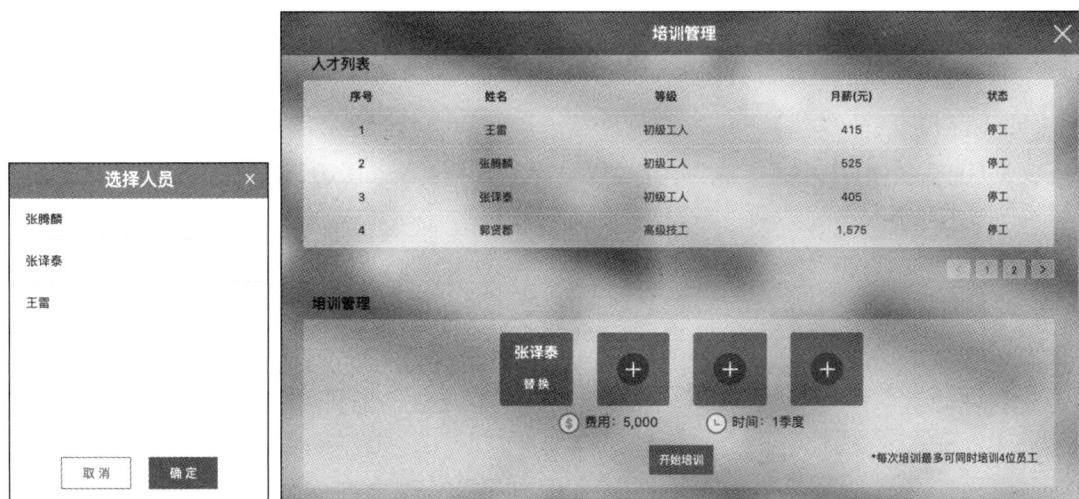

图 4-18　选择人员　　　　图 4-19　开始培训

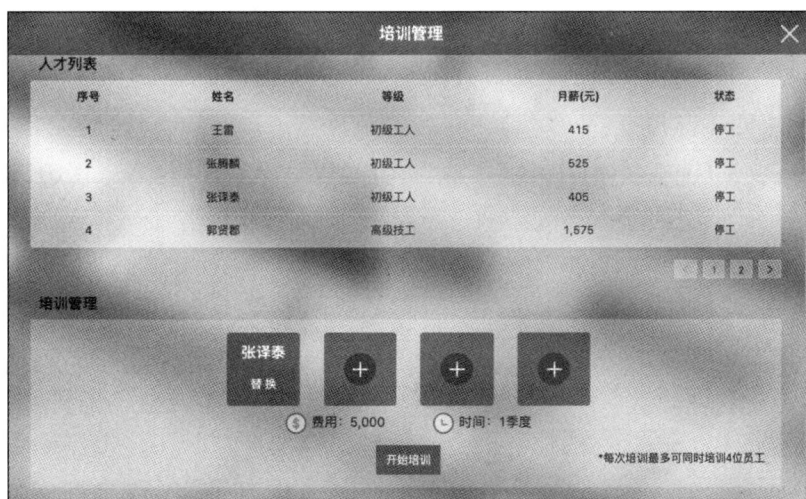

图 4-20 状态更新为"培训中"

图 4-21 培训后的人才列表

（四）激励管理

在人力总监操作页面单击"留"图标，进入激励管理页面。激励管理包括"人才列表"一个栏目（见图 4-22）。

图 4-22 激励管理页面

微课 4-4

1. 激励方式

企业有两种员工激励方式：激励和涨薪。激励的万元提升效率比例为 20%，涨薪的万元提升效率比例为 50%（见图 4-23）。

激励名称	编码	提升效率比例(%)
激励	JL1	20
涨薪	JL2	50

图 4-23　激励规则

2. 激励

激励支付的资金为一次性费用，支付费用后工人效率提升、工资不变。

📖【HW 公司案例】

HW 公司花费 14 500 元激励当前效率为 71%的高级技工张群兴，其当月工资为 1 560 元。单击"激励"按钮（见图 4-24），在打开的对话框中输入激励额度"14 500"（见图 4-25），然后单击"确定"按钮，那么张群兴的当前效率提升为"100"（见图 4-26），工资不变。

图 4-24　激励/涨薪前的人才列表

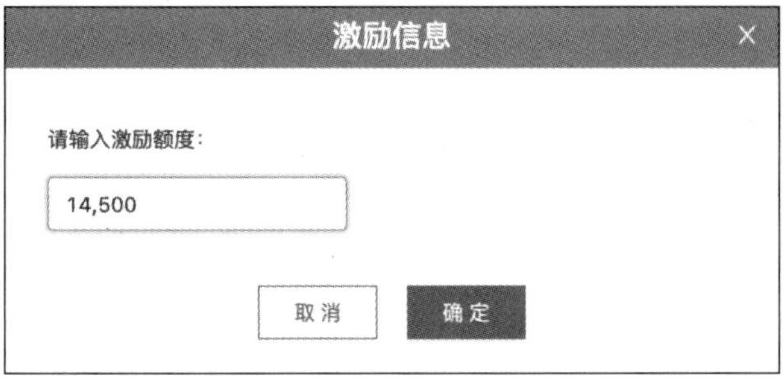

图 4-25　输入激励额度

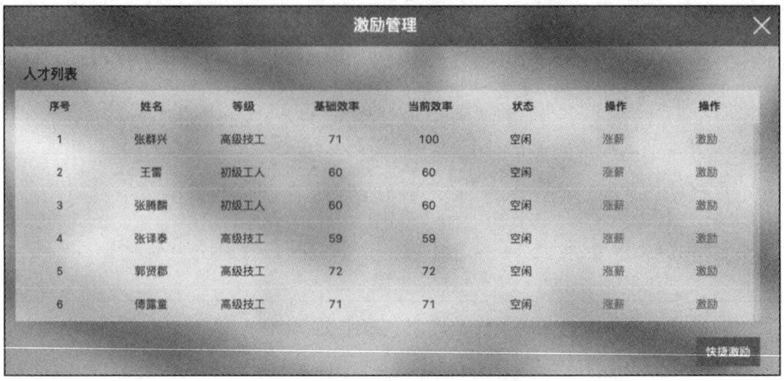

序号	姓名	等级	基础效率	当前效率	状态	操作	操作
1	张群兴	高级技工	71	100	空闲	涨薪	激励
2	王雷	初级工人	60	60	空闲	涨薪	激励
3	张腾麟	初级工人	60	60	空闲	涨薪	激励
4	张译泰	高级技工	59	59	空闲	涨薪	激励
5	郭贤郡	高级技工	72	72	空闲	涨薪	激励
6	傅露童	高级技工	71	71	空闲	涨薪	激励

图 4–26　激励后当前效率提升

3. 激励费用

激励费用=效率提升百分点×单位效率激励金额。

📖【HW 公司案例】

HW 公司用激励方式将高级技工张群兴从当前 71%的效率提升至 100%（提升了 29 个百分点），每提升 1%的效率消耗资金为 10 000÷20=500（元）。

则：该激励需要消耗的资金=（100−71）×500=14 500（元）

4. 涨薪

支付涨薪费用后，工人效率提升、工资增加。

📖【HW 公司案例】

HW 公司花费 5 600 元对高级技工郭贤郡涨薪，其当前工资为 1 575 元，当前效率为 72%。单击“涨薪”按钮（见图 4-24），在打开的对话框中输入涨薪额度“5 600”（见图 4-27），然后单击“确定”按钮，该工人的当前效率提升至“100”（见图 4-28）。

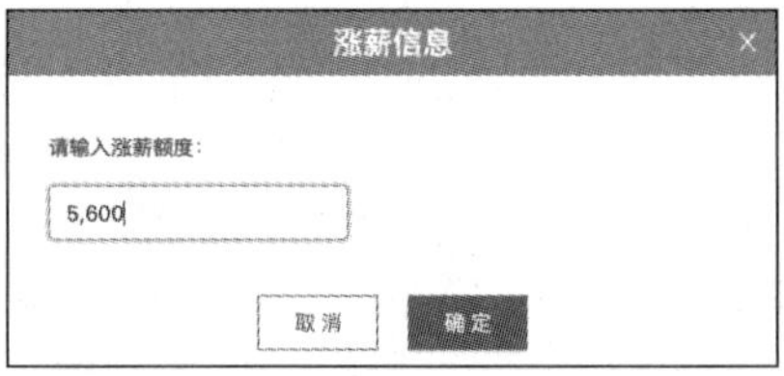

图 4–27　输入涨薪额度

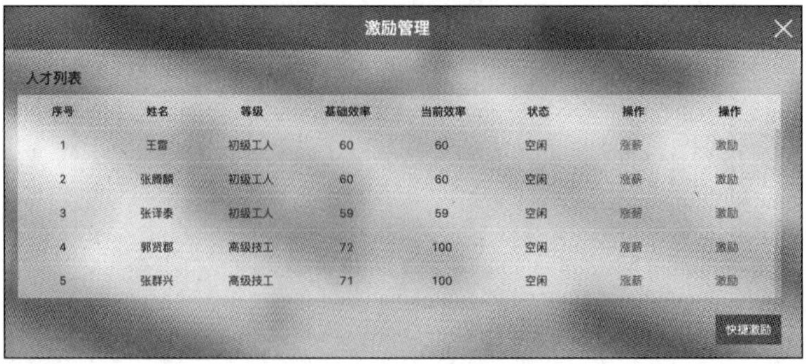

序号	姓名	等级	基础效率	当前效率	状态	操作	操作
1	王雷	初级工人	60	60	空闲	涨薪	激励
2	张腾麟	初级工人	60	60	空闲	涨薪	激励
3	张译泰	初级工人	59	59	空闲	涨薪	激励
4	郭贤郡	高级技工	72	100	空闲	涨薪	激励
5	张群兴	高级技工	71	100	空闲	涨薪	激励

图 4–28　涨薪后当前效率提升

5. 涨薪费用

涨薪费用=效率提升百分点×单位效率涨薪金额，且涨薪后每月工资=原工资+涨薪金额。

> 📖【HW 公司案例】
>
> HW 公司用涨薪方式将高级技工郭贤郡从当前 72% 的效率提升至 100%（提升了 28 个百分点），当前工资为 1 575 元，每提升 1% 的效率消耗资金=10 000÷50=200（元）。
>
> 则：该涨薪需要消耗的资金=（100-72）×200=5 600（元）
>
> 涨薪后每月工资=1 575+5 600=7 175（元）
>
> 结果如图 4-29 所示。
>
>
>
> 图 4-29　涨薪后月薪增加

二、人力数字化规则

人力数字化规则为本科版平台规则，学生可拓展学习，进一步了解人力数字化的发展方向。

微课 4-5

【实训过程】

一、制定人力排程

> 📖【HW 公司案例】
>
> HW 公司第 1 年第 2 季度建成 6 条全自动线，每条全自动线需要配置 2 名初级工人和 1 名高级技工。那么在第 1 年第 1 季度提前 1 个季度招聘 12 名初级工人和 6 名高级技工。如表 4-1 所示：在"初级工人"中"招聘人数"对应的第 1 年第 1 季度空格里填写"12"，在"开工人数"对应的第 1 年第 2 季度空格里填写"12"；在"高级技工"中"招聘人数"对应的第 1 年第 1 季度空格里填写"6"，在"开工人数"对应的第 1 年第 2 季度空格里填写"6"。

表 4-1　HW 公司人力排程　　　　单位：人

工人选用		第 1 年			
		第 1 季度	第 2 季度	第 3 季度	第 4 季度
初级工人	招聘人数	12			
	开工人数		12		
	解雇人数				
高级技工	招聘人数	6			
	开工人数		6		
	解雇人数				

人力总监根据各年度计划制定人力排程，填写表4-2。

表4-2　人力排程　　　　　　　　　　　　　　　　单位：人

工人选用		第1年				第2年			
		第1季度	第2季度	第3季度	第4季度	第1季度	第2季度	第3季度	第4季度
初级工人	招聘人数								
	开工人数								
	解雇人数								
高级技工	招聘人数								
	开工人数								
	解雇人数								

工人选用		第3年				第4年			
		第1季度	第2季度	第3季度	第4季度	第1季度	第2季度	第3季度	第4季度
初级工人	招聘人数								
	开工人数								
	解雇人数								
高级技工	招聘人数								
	开工人数								
	解雇人数								

二、编制人力成本预算

【HW公司案例】

HW公司在第1年第2、3、4季度为6条全自动线配置12名初级工人和6名高级技工，且将初级工人的效率全部激励到60%，高级技工的效率全部激励到100%。根据初级工人月平均工资500元、高级技工月平均工资1500元计算，第3、4季度员工薪酬=500×3×12+1 500×3×6=45 000（元），第1年合计为90 000元。根据初级工人平均效率50%、高级技工平均效率60%计算，第1年第2季度激励费用=（60-50）×500×12+（100-60）×500×6=180 000（元），第3、4季度的激励费用=2×500×（12+6）=18 000（元），第1年的激励费用合计为216 000（元）。如表4-3所示：在"员工薪酬"对应的第1年第3、4季度空格里分别填写薪酬"45 000"，"合计"空格里填写"90 000"；在"绩效（激励或涨薪）"对应的第1年第2季度空格里填写激励费用"180 000"，第3、4季度空格里分别填写激励费用"18 000"，"合计"空格里填写"216 000"。

表4-3　HW公司人力成本预算　　　　　　　　　　单位：元

人力成本	第1年				
	第1季度	第2季度	第3季度	第4季度	合计
员工薪酬			45 000	45 000	90 000
绩效（激励或涨薪）		180 000	18 000	18 000	216 000
培训费					0
辞退费					0

人力总监根据各年度计划编制人力成本预算，填写表4-4。

表4-4 人力成本预算　　　　单位：元

人力成本	第1年				
	第1季度	第2季度	第3季度	第4季度	合计
员工薪酬					
绩效（激励或涨薪）					
培训费					
辞退费					
人力成本	第2年				
	第1季度	第2季度	第3季度	第4季度	合计
员工薪酬					
绩效（激励或涨薪）					
培训费					
辞退费					
人力成本	第3年				
	第1季度	第2季度	第3季度	第4季度	合计
员工薪酬					
绩效（激励或涨薪）					
培训费					
辞退费					
人力成本	第4年				
	第1季度	第2季度	第3季度	第4季度	合计
员工薪酬					
绩效（激励或涨薪）					
培训费					
辞退费					

三、编制人力成本核算

📖【HW公司案例】

HW公司在第1年第1季度招聘2名初级工人和1名高级技工，并在第2季度开工生产。如表4-5所示：按照平台上的实际数据分别填写3名工人的"级别""姓名""薪酬""初始效率"；按照初级工人60%、高级技工100%的目标进行激励后，计算并填写绩效；最后填写合计数。具体计算方式参考表4-3。

表 4-5　HW 公司人力成本核算

级别	姓名	薪酬/ （元/月）	初始 效率/%	第1年			
				第1季度 绩效/元	第2季度 绩效/元	第3季度 绩效/元	第4季度 绩效/元
初级	王兴廉	480	56	—	2 000	1 000	1 000
初级	杜鑫梧	480	56	—	2 000	1 000	1 000
高级	曹欢璎	1 620	71	—	14 500	1 000	1 000

人力总监根据各年实际用工情况编制人力成本核算，填写表4-6。

表 4-6　人力成本核算

级别	姓名	薪酬/ （元/月）	初始 效率/%	第1年			
				第1季度 绩效/元	第2季度 绩效/元	第3季度 绩效/元	第4季度 绩效/元
合计（每季）		—	—				

级别	姓名	薪酬/ （元/月）	初始 效率/%	第2年			
				第1季度 绩效/元	第2季度 绩效/元	第3季度 绩效/元	第4季度 绩效/元
合计（每季）		—	—				

续表

级别	姓名	薪酬/ （元/月）	初始 效率/%	第3年			
				第1季度 绩效/元	第2季度 绩效/元	第3季度 绩效/元	第4季度 绩效/元
合计（每季）		—	—				

级别	姓名	薪酬/ （元/月）	初始 效率/%	第4年			
				第1季度 绩效/元	第2季度 绩效/元	第3季度 绩效/元	第4季度 绩效/元
合计（每季）		—	—				

四、按计划实操沙盘

请各组人力总监按照各年年度计划，配合其他部门实操沙盘。

【实训总结】

请各组人力总监撰写各年经营总结。

[empty rounded box]

项目拓展

华为如何通过人才培养让人才的成长速度跟上业务发展速度

华为在业务规模急速扩张的同时，人力资源的问题就会变得很突出。1998年，华为开始明显觉得人才不够用。那时候华为每年要新进两三千人，新人多到老人已经带不过来。而老人因为业务和市场快速扩张，也面临着很多新挑战。所以那个时期的华为，很多项目的交付会经常延期，同样的错误一犯再犯，甚至丢了很多大客户。在这个紧要关头，怎么能快速培养出具备核心能力的实战人才，就成了华为最迫切的任务。华为开始搭建自己的培训体系。这套体系中，一个最重要的原则就是坚持用"训战结合、全真教学"的思路，让人才在实战中成长，而不仅仅是拥有一身理论。

第一，收集问题，提取出过去持续取得成功的因素。华为人力资源部门以五大洲为区域，分别选出区域内表现最好的一位国家代表，让他们分别提炼出自己能持续取得市场成功的5~8个关键要素。把所有人的答案都收集起来之后，发现其中有将近2/3是重合的。合并同类项之后，对这些问题进行排序，最后整理出了8~9个一致性的关键问题，比如关税问题、当地建厂问题、与当地政府沟通的问题、劳动用工问题等。这8~9个问题就是华为培训要解决的核心内容。华为的培训不追求面面俱到，而是聚焦重点、专项突破的短训制。半年或者一年后，再突破新的专项，进行轮训，也就是"边冲锋，边练兵"。

第二，培训准备，让优秀人才培养出更优秀的人才。在华为，每一个讲师都必须是华为各个层级有实战经验的管理者，且对管理者在培训时长、培训评价等方面都是有明确要求的，还跟绩效和任职资格强绑定。甚至，没有培养出接班人的管理者是不允许晋升的。这样一来，管理者培养人才的积极性就被调动起来。

第三，实战培训，全真情景答辩。在培训结束时，每个同学都需要就着一道情景题向评委做答辩。所有情景题都来自实战中遇到的关键问题和过去真实发生过的场景。每个小组可以选择不同的课题，就着真实的难题来做调研、写方案、答辩。可以想象，好的答辩方案，马上就可以用在现实问题的解决上。

第四，效果评估，进行成长性评估。真正的效果评估，评估的不是当下的表现而是成长性。比如，一位华为的中层领导，公司发现他最需要提升的是人才培养的能力。那对于前面的情景答辩，他的培养计划就不能是空谈动作，必须从部门里挑出一个人，让这位中层领导制订一个真实的培养计划并且实施。

人才培养是一个长期工程，很容易让位于短期业绩。当年华为搭建培训体系，筹备华为大学的时候，拿出了十多亿元的预算。那个时候，华为全年的销售收入才 60 亿元左右。华为切切实实做到了人力资本增值的目标优先于财务资本增值的目标，而人力资本的增值，也让华为获得了更大的财务资本的增值。

思考：

1. 查找相关资料，了解更多华为人力资源战略和方法，思考华为通过哪些方式找到人、培养人、留住人。

2. 总结华为的人才战略有何特点。

中华优秀传统管理案例

王珪鉴才

《管子·霸言》中有一句话："夫争天下者，必先争人。明大数者得人，审小计者失人。得天下之众者王，得其半者霸。是故圣王卑礼以天下之贤而王之，均分以钓天下之众而臣之。"这里，管仲把王、霸成功的原因归结为"得人"。国家是大家，企业是小家，治理国家与管理企业在很多方面有共同之处，特别是在人才方面，"得人才者得天下，失人才者失天下"。"贞观之治"是我国历史上著名的盛世，唐太宗的智囊团队都有哪些人才呢？

在一次宴会上，唐太宗对王珪说："你善于鉴别人才，尤其善于评论。今天你对在场的大臣们做些评论，比较一下你和他们的优缺点，如何？"王珪回答说："房玄龄孜孜不倦地办公，一心为国操劳，凡所知道的事没有不尽心尽力去做；魏徵常常留心于向皇上直言建议，认为皇上能力德行比不上尧舜很丢面子；李靖文武双全，既可以在外带兵打仗做将军，又可以进入朝廷搞管理担任宰相；温彦博向皇上报告国家公务，详细明了，宣布皇上的命令或者转达下属官员的汇报，能坚持做到公平公正……"一席话说完，唐太宗非常赞同他的评论，而大臣们也认为王珪完全道出了他们的心声，都拍手称赞。

从王珪的评论可以看出，唐太宗的团队中每个人各有所长，但更重要的是，唐太宗能将这些人以其专长运用到最适当的职位，使其能够发挥自己所长，进而让整个国家繁荣强盛。

同样，对于企业而言，"人才是创业之本""办公司就是办人"，每一个领导者必须学会组织管理团队。企业领导应以每名员工的专长为思考点，安排适当的位置，并依照员工的优缺点做机动性调整，才能带领员工创造更大的价值。

巩固与提高

一、不定项选择题

1. （　　）是聘用的前提和基础。

    A. 薪酬　　　　　　B. 培训　　　　　　C. 招募　　　　　　D. 甄选

2. （　　）是一次性的，是否发放取决于员工能否达到预定标准。

    A. 内在报酬　　　　B. 外在报酬　　　　C. 基本工资　　　　D. 激励工资

3. 培训的目的和作用包括（　　）。

    A. 提高员工的工作绩效水平

    B. 增强组织或个人的应变能力、适应能力和创造能力

    C. 提高员工满意度

    D. 建立优秀的企业文化，提高员工对企业的认同感和归属感

4. 人力总监操作页面包括（　　　）。

    A. 招聘管理   B. 工人管理   C. 培训管理   D. 激励管理

5. （　　　）提报招聘需求，信息转到人力资源需求中，人力总监根据人才需求招聘人才。

    A. 生产总监   B. 营销总监   C. 财务总监   D. 人力总监

6. 在职员工的状态包括（　　　）。

    A. 休息   B. 工作中   C. 培训中   D. 停工

7. 人力总监开出的工资 X 与工人期望工资 M 的比例（　　　）时，工人一定入职。

    A. $<70\%$ B. $70\%\leqslant X/M<100\%$ C. $>100\%$ D. $=100\%$

8. 在解雇工人时，首先确认工人处于（　　　）状态。

    A. 工作中   B. 培训中   C. 休息   D. 停工

9. 培训 1 名初级工人消耗现金（　　　）元。

    A. 2 000   B. 5 000   C. 10 000   D. 0

10. 激励方式下，工人效率每提升 1% 需要（　　　）元。

    A. 100   B. 200   C. 300   D. 500

二、填空题

1. 招聘管理包括＿＿＿＿＿＿＿＿＿和＿＿＿＿＿＿＿＿＿两个栏目。

2. 企业发放薪水时一键发放全部薪水，每＿＿＿＿＿＿发放一次。

3. 工资拖欠一次，则被拖欠工资的工人效率＿＿＿＿＿＿＿＿。

4. 为提升工人的等级，企业可对＿＿＿＿＿＿工人进行培训。

5. 采用激励方式提升工人效率，工人工资＿＿＿＿＿＿＿。

三、计算题

1. 某公司在第 1 年第 1 季度时招聘 1 名初级工人，月薪为 532 元，在第 3 年第 4 季度时解雇该工人。请问该公司解雇该工人需要支付多少赔偿金？

2. 某公司在第 1 年第 1 季度时培训 1 名初级工人，该工人的月薪为 532 元，那么该公司需要支付多少培训费？培训后该工人的月工资为多少？

四、简答题

第 1 年第 4 季度，某公司计划通过提高工人效率的方式提高一条全智能生产线的产能，为达到该生产线产能最大化，计划将工人的工作效率全部激励至 100%。已知为该生产线配置的 2 名高级技工的工资分别为 1 532 元和 1 510 元，效率分别为 70% 和 72%。请你为该公司选择激励方式并阐述选择该方式的理由。

项目五

财务管理

学习目标

知识目标：

1. 了解财务预算和企业融资的概念
2. 了解财务报表和财务分析的相关知识
3. 了解数字财务的概念、特点及核心要素
4. 掌握财务总监操作规则，理解操作步骤及其逻辑关系

能力目标：

1. 能够熟练运用财务规则操作财务总监平台
2. 能够根据企业经营计划制定财务预算并规划企业融资方式
3. 能够编制企业年度报表并进行财务分析
4. 能够熟练使用 Excel 工具编制年度财务预算

素质目标：

1. 树立健康的金钱观及税务观
2. 培养沟通协作及分析规划能力
3. 树立诚信原则，遵守职业道德

项目导学

从财务预算，回看北京冬奥会的"经济账"

党的二十大报告指出："健全现代预算制度，优化税制结构，完善财政转移支付体系。深化金融体制改革，建设现代中央银行制度，加强和完善现代金融监管，强化金融稳定保障体系，依法将各类金融活动全部纳入监管，守住不发生系统性风险底线。"

2022 年 3 月 13 日北京冬残奥会落下帷幕，这意味着第 24 届冬季奥林匹克运动会圆满结束。北京冬奥会无论是对绿色低碳理念的推广，还是对科技应用创新的推动，乃至于对大国形象的对外展示，都有极为重要的意义。国际奥委会主席巴赫说，"世界冰雪运动的历史将以北京冬奥会作为分界线"，并再次给出了"无与伦比"的高度评价。

根据 2014 年北京奥申委提交的赛事预算，北京冬奥会的赛事运营和场馆建设的总预算为 31 亿美元。2015 年，北京奥申委调整了一次预算，从 31 亿美元增加到 39 亿美元。与 2018 年平昌冬奥会总支出 129 亿美元、2014 年索契冬奥会总支出 510 亿美元相比，北京冬奥会都可以算得上史上最省钱的冬奥会，也是较为难得的能实现"收支平衡"的冬奥会。首先，北京作为史上第一个"双奥之城"，本届冬奥会继承了 2008 年夏季奥运会的大量"遗产"。其次，在奥运场馆的投入

上，引入了社会资本。最后，三个奥运村全部为社会投资，并提前规划好了商业用途。冬奥会结束后，北京和张家口的奥运村将作为商品房出售，延庆的奥运村将成为度假村酒店。在想方设法节流的同时，北京冬奥会通过赞助、电视转播、奥运特许商品等进行了最大限度的开源。顶流冰墩墩以一己之力，让北京冬奥特许商品的销售收入达到 4 亿美元，之前温哥华、索契和平昌三届冬奥会特许商品销售加起来的总收入才 1.65 亿美元。在开源节流双重加持下，北京冬奥运在面临防疫成本和门票损失的情况下，仍然做到了"收支平衡"。放眼长期，北京冬奥会创造的最大商业价值在于促进了中国冰雪产业的大爆发，可以说，北京冬奥会徒手辟出了一个万亿级的大市场。之前多年一直"赔本赚吆喝"的冬奥会，在科学的赛事预算下，遇见中国这样的人口规模和经济体量，爆发出了惊人的能量。

在本项目中，我们将进行财务预算、企业融资、财务报表和财务分析等财务管理理论的学习，并将其应用于实操项目中。

知识准备

一、财务管理

（一）财务预算

财务预算是一系列专门反映企业未来一定预算期内预计财务状况和经营成果，以及现金收支等价值指标的各种预算的总称，包括现金预算、预计利润表、预计资产负债表等。

"预则立，不预则废"，企业应该对自身在一定期间内的生产经营活动有一个总体规划。全面预算是对企业总体规划的数量说明，如图 5-1 所示。图中描述了简化的全面预算体系，预算之间的主要联系如下：企业以经营目标为基础，确定本年度的销售预算，并结合企业财力确定资本支出预算等专门决策预算；根据"以销定产"的原则，以销售预算为年度预算的编制起点，进一步确定生产预算，然后延伸到直接材料、直接人工和制造费用等预算；各项业务预算和专门决策预算为企业的现金预算提供了依据；利润表预算和资产负债表预算在最后编制，是对前面各种业务预算、专门决策预算以及现金预算的综合。

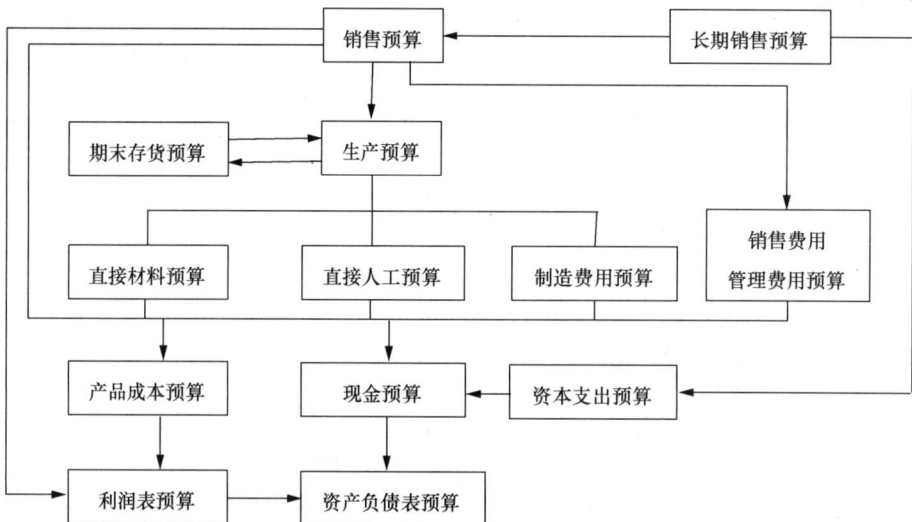

图 5-1 全面预算体系

由此可知，财务预算是企业全面预算体系中的最后环节，它可以从价值方面总括地反映企业的专门决策预算与业务预算的结果。因此，财务预算在企业的全面预算体系中占有重要的地位。

（二）企业融资

融资即一个企业的资金筹集的行为与过程。也就是公司根据自身的生产经营状况、资金拥有的状况，以及公司未来经营发展的需要，通过科学的预测和决策，采用一定的方式，从一定的渠道向公司的投资者和债权人去筹集资金，组织资金的供应，以保证公司正常生产和经营管理活动需要的理财行为。公司筹集资金的动机应该遵循一定的原则，通过一定的渠道和一定的方式去进行。企业筹集资金有三大目的：扩张、还债以及混合动机（扩张与还债混合在一起的动机）。

融资可以分为直接融资和间接融资。直接融资是不经金融机构的媒介，由政府、企事业单位及个人直接以最后借款人的身份向最后贷款人进行的融资活动，其融通的资金直接用于生产、投资和消费。间接融资是通过金融机构的媒介，由最后借款人向最后贷款人进行的融资活动，如企业向银行、信托公司进行融资等。

（三）财务报表

财务报表是指在日常会计核算资料的基础上，按照规定的格式、内容和方法定期编制的，综合反映企业某一特定日期财务状况和某一特定时期经营成果、现金流量状况的书面文件。

一套完整的财务报表包括资产负债表、利润表、现金流量表、所有者权益变动表和财务报表附注。

1. 资产负债表

资产负债表是反映企业在一定日期（通常为各会计期末）的财务状况（即资产、负债和所有者权益的状况）的主要会计报表。

2. 利润表

利润表是反映企业在一定会计期间的经营成果的财务报表。

3. 现金流量表

现金流量表可以反映企业现金流量的来龙去脉，分为经营活动、投资活动及筹资活动三部分。

4. 所有者权益变动表

所有者权益变动表可以反映企业所有者权益总量的增减变动情况及结构变动情况。

5. 财务报表附注

财务报表附注一般包括企业的基本情况、财务报表编制基础、遵循企业会计准则的声明、重要会计政策和会计估计、会计政策和会计估计变更及差错更正的说明、重要报表项目的说明、其他需要说明的重要事项等。

（四）财务分析

财务分析是以企业财务报告及其他相关资料为主要依据，对企业的财务状况和经营成果进行评价和剖析，反映企业在运营过程中的利弊得失和发展趋势，从而为改进企业财务管理工作和优化经营决策提供重要的财务信息。

财务分析的基本内容包括偿债能力分析、营运能力分析、盈利能力分析和发展能力分析，四者是相辅相成的关系。

1. 偿债能力分析

（1）流动比率

流动比率指企业流动资产与流动负债的比率，表示企业每1元流动负债有多少流动资产作为偿还的保证，反映了企业的流动资产偿还流动负债的能力。一般情况下，该指标维持在2∶1是比较合理的。其计算公式为：流动比率=流动资产÷流动负债。

（2）资产负债率

资产负债率指企业的负债总额与资产总额的比率，表示在企业资产总额中，债权人提供资金所占的比重，以及企业资产对债权人权益的保障程度。该指标应控制在一定的标准内，其计算公式为：资产负债率=负债总额÷资产总额×100%。

（3）利息保障倍数

利息保障倍数又称已获利息倍数，是企业息税前利润与利息费用的比率，是衡量企业偿付负债利息能力的指标，一般情况下不能低于1。其计算公式为：利息保障倍数=息税前利润÷利息费用。

2. 营运能力分析

（1）应收账款周转率

应收账款周转率也称应收账款周转次数，是一定时期内商品或产品主营业务收入与平均应收账款余额的比值，是反映应收账款周转速度的一项指标。其计算公式为：应收账款周转率（次）=主营业务收入÷平均应收账款余额。

（2）存货周转率

存货周转率是指企业在一定时期内的主营业务成本与存货平均余额的比率，反映企业的存货周转速度和销货能力，衡量企业生产经营中存货营运效率。其计算公式为：存货周转率（次）=主营业务成本÷存货平均余额。

（3）固定资产周转率

固定资产周转率是企业主营业务收入与固定资产平均净值的比率，反映企业固定资产周转情况，衡量企业固定资产利用效率。其计算公式为：固定资产周转率=主营业务收入÷固定资产平均净值。

（4）总资产周转率

总资产周转率是企业主营业务收入与平均资产总额的比率，反映企业全部资产的利用效率。其计算公式为：总资产周转率=主营业务收入÷平均资产总额。

3. 盈利能力分析

（1）营业利润率

营业利润率是企业一定时期营业利润与营业收入的比率，反映企业经营业务的获利水平。其计算公式为：营业利润率=营业利润÷营业收入×100%。

（2）净资产收益率

净资产收益率指企业一定时期内的净利润与平均净资产的比率，反映投资者投入企业的自有资本获取净收益的能力，即反映投资与报酬的关系。其计算公式为：净资产收益率=净利润÷平均净资产×100%。

4. 发展能力分析

（1）营业收入增长率

营业收入增长率是企业本年营业收入增长额与上年营业收入总额的比率，反映企业营业收入的增减变动情况，常被用于评价企业的成长状况和发展能力。其计算公式为：营业收入增长率=本年营业收入增长额÷上年营业收入总额×100%。

（2）资本保值增值率

资本保值增值率是企业本年年末所有者权益总额与年初所有者权益总额的比率，反映企业当年资本的增减变动情况。其计算公式为：资本保值增值率=年末所有者权益总额÷年初所有者权益总额×100%。

（3）总资产增长率

总资产增长率是企业本年总资产增长额同年初资产总额的比率，反映企业本期资产规模的增长情况。其计算公式为：总资产增长率=本年总资产增长额÷年初资产总额×100%。

（4）营业利润增长率

营业利润增长率是企业本年营业利润增长额与上年营业利润总额的比率，反映企业营业利润的增减变动情况。其计算公式为：营业利润增长率=本年营业利润增长额÷上年营业利润总额×100%。

二、数字财务与企业数字化

数字经济的发展促进企业经济转型升级，新的商业模式层出不穷，数字技术在财务领域的广泛应用，极大地推动了企业财务工作的数字化转型。企业财务数字化转型是企业数字化转型的突破口，也是财务转型的新发展趋势。一方面，数字财务的发展提升了财务数据质量和运营效率，运用云计算、大数据等技术更好地赋能业务、支持管理、辅助经营和支撑决策，促进重构财务组织、再造业务流程，提升财务数据质量和财务运营效率。另一方面，数字财务能提供实时数据监测和风险洞察，在很大程度上也能加强企业合规性和风险管理，支持企业决策和战略规划，推动并引领企业价值创造，对企业的商业格局进行重塑。

（一）数字财务的概念及特点

数字财务是基于数字技术的财务管理方式。与传统财务管理方式不同，它通过数字化技术实现财务信息的自动化采集、储存、处理、分析和传递，提高财务管理效率和精度，降低管理成本，从而实现企业数字化转型。也就是说，数字财务是具有整体功能智能管理、整体流程管理等显著优势的一种新管理模式，是以最新的财务管理理论和财务工具为基础的新型财务管理形式。这从另一方面也体现出数字财务具有精细化、实时化、多元化、动态化和可视化的特点。

（二）数字财务的核心要素

随着全球社会、经济、文化的不断发展和人工智能、大数据等新技术的不断更新，传统的财务管理模式已经不能满足现阶段企业的财务工作需求。因此，越来越多的企业在发展转型过程中开始重视数智技术与财务管理的结合，创新、共享和动态也成为当下数字财务的核心要素。

1. 创新

与传统的财务管理不同，数字财务依托于信息化技术，是对财务管理理念的创新，对数据资源的共享，以及对财务管理工作的完善。数字财务能够实现对财务共享模式的优化，也是实现财务管理系统在人工智能背景下应用的主要途径。在数字化、智能化技术的应用下，数字财务创新了企业财务管理工作框架和组织方式，满足了企业数字化发展趋势，保障了企业管理工作价值。

2. 共享

数字财务依托于数字化和智能化技术，是落实财务共享理念的一大契机。数字经济背景下，财务管理呈现出新业态、新模式、新理念，渗透在各大行业中，这就要求各行业搭建、更新并完善财务共享信息平台，从而提升财务管理工作效率，解决财务信息不对称等问题。借助财务共享信息化管理平台，企业财务数据信息与业务信息能够得到及时公示，财务处理流程更加公开透明，各企业部门能够及时掌握自身权限内财务数据信息，对增强财务数据的互通起到关键作用，也体现了财务数据共享的重要性，实时为企业决策提供参考依据。

3. 动态

伴随企业业务工作的不断更新和推进，财务数据呈现出动态特点，这是企业统筹信息资源的主要原因。从财务共享的角度来讲，财务信息数据的实时挖掘是基于企业财务共享来实现的。总的来说，企业财务转型过程中要以数字财务理论为基础，不断对业务数据、财务数据进行实时动态更新以达到数字化转型，构建更加全面、规范的数字财务工作体系，实现对数字化企业财务职能的拓展，使其能够掌握财务数据的动态化发展趋势，保证企业财务管理的质量与效率。

企业数字化背景下，数字财务对于推动企业财务管理体系建设、实现财务职能转变、提高财务数据质量、提升财务运营效率、增强财务管控能力、支持企业管理决策等方面具有重要意义。

项目实训

【实训准备】

一、财务总监操作规则

进入沙盘首页，单击页面右边的"财"图标，进入财务总监操作页面（见图5-2）。页面右侧有6个子操作，分别为"融""收""付""费""控""表"。这6个子操作的具体内容分别为"融资管理""应收账款管理""应付账款管理""费用管理""预算控制"和"报表管理"。

图5-2　财务总监操作页面

（一）融资管理

在财务总监操作页面单击"融"图标，进入融资管理页面（见图5-3）。融资管理包括"融资规则""融资决策""融资现状"3个栏目。

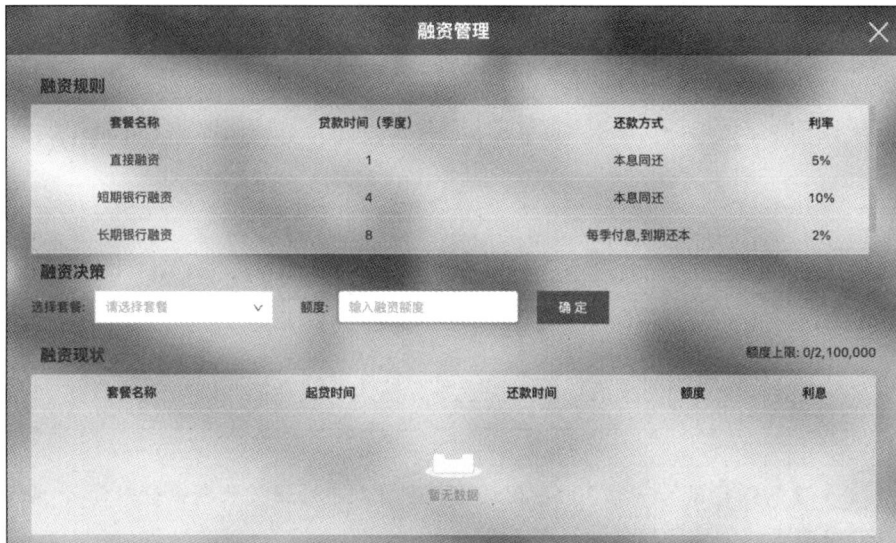

图 5-3 融资管理页面

1. 贷款类型

"融资规则"中显示3种贷款类型，分别为直接融资、短期银行融资和长期银行融资（见图5-3），这3种贷款可自由组合。

2. 申请时间

企业可在各年正常经营的任何日期申请贷款。

3. 贷款时间

贷款时间即贷款期限。自贷款之季度起，经过贷款时间后，必须归还本金。直接融资的贷款时间为1个季度，短期银行融资为4个季度，长期银行融资为8个季度（见图5-3）。

4. 还款方式

融资有两种还款方式，分别为类型1和类型2。类型1表示本息同还，即贷款到期后支付本金和利息。类型2表示每季度支付利息，到期归还本金和当季度的利息。直接融资和短期银行融资的还款方式为类型1，长期银行融资的还款方式为类型2（见图5-3）。

5. 贷款利率

直接融资的利率为5%，短期银行融资为10%，长期银行融资为2%（见图5-3）。其中，直接融资利率和长期银行融资利率为1季度利率，短期银行融资利率为4季度利率。

> 【HW公司案例】
> HW公司第1年第1季度取得短期贷款100 000元，则第2年第1季度归还本金100 000元，支付利息10 000元。

> 📖【HW 公司案例】
> HW 公司第 1 年第 1 季度取得长期贷款 300 000 元，则每季度利息=300 000×2%=6 000（元），8 个季度利息总额=6 000×8=48 000（元）。第 1 年第 2、3、4 季度和第 2 年第 1、2、3、4 季度分别支付利息 6 000 元，第 3 年第 1 季度支付利息 6 000 元并归还本金 300 000 元。

6. 贷款额度

企业贷款额度是有上限的，当年贷款额度=上年权益额度×3。上年权益额度从上年资产负债表中提取。

> 📖【HW 公司案例】
> HW 公司第 1 年末的所有者权益为 500 000 元，则第 2 年贷款额度=500 000×3=1 500 000（元）。

7. 贷款套餐

贷款以"套餐"方式提供。在"融资决策"中选择套餐，输入贷款金额，即可完成贷款。

> 📖【HW 公司案例】
> HW 在第 1 年第 1 季度向银行借入一笔 300 000 元的长期贷款，选择"长期银行融资"，输入额度"300 000"，然后单击"确定"按钮即可（见图 5-4）。

图 5-4　贷款

8. 贷款信息

贷款完成后会在"融资现状"中显示贷款信息（见图 5-4）。

（二）应收账款管理

在财务总监操作页面单击"收"图标，进入应收账款管理页面。应收账款管理包括"应收账款"一个栏目（见图 5-5）。

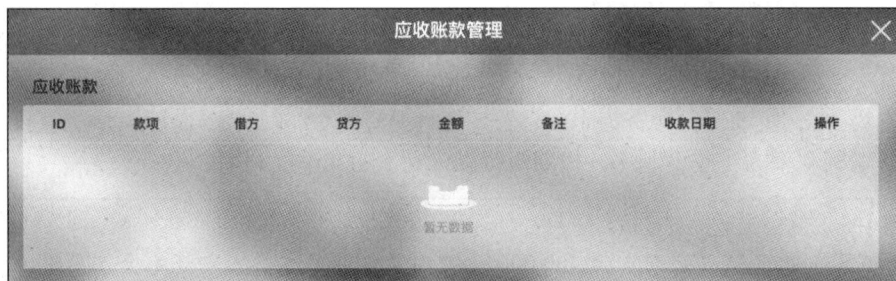

微课 5-2

图 5-5　应收账款管理页面

1. 应收账款

应收账款指企业应收但未收到的款项。

📖【HW 公司案例】

　　HW 公司在第 1 年第 3 季度提交 1 个账期为 1 季度的订单，那么这个订单的货款形成一笔应收账款（见图 5-6）。

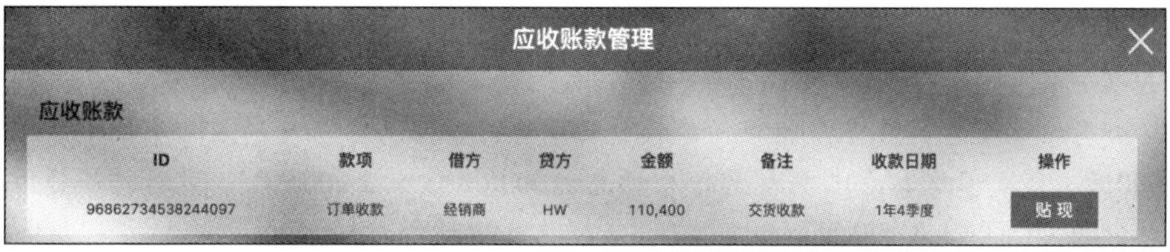

图 5-6　应收账款

2. 收款日期

收款日期指应收账款收回的日期。

📖【HW 公司案例】

　　HW 公司在第 1 年第 3 季度提交 1 个账期为 1 季度的订单，那么这笔订单形成的应收账款的收款日期为第 1 年第 4 季度（见图 5-6）。

3. 贴现

贴现指债权人在应收账期内贴付一定利息提前取得资金的行为。

📖【HW 公司案例】

　　HW 公司在第 1 年第 3 季度时将一笔收款日期为第 1 年第 4 季度的应收账款 110 400 元贴现 100 000 元。单击"贴现"按钮（见图 5-6），在打开的对话框中输入贴现额度"100 000"（见图 5-7），然后单击"确定"按钮。这笔应收账款的金额减少 100 000 元，剩余"10 400"（见图 5-8）。

图 5-7　输入贴现额度

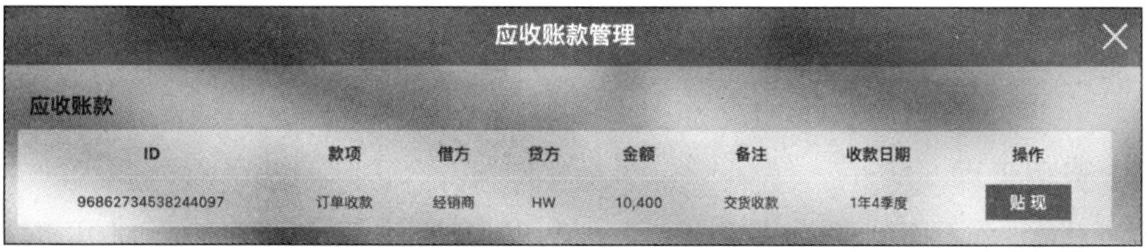

图 5-8　贴现后

4. 贴息

应收账款贴现需要支付贴息，不同应收账期的贴息比率不同，第 1 季度贴现的贴息比率为 3%，第 2 季度为 5%，第 3 季度为 7%，第 4 季度为 10%。

5. 贴息计算

贴息=应收账款贴现金额×贴息比率，贴现到账金额=应收账款贴现金额-贴息。贴息计入财务费用，系统自动扣除。

> 📖【HW 公司案例】
>
> HW 公司在第 1 年第 3 季度时将一笔收款日期为第 1 年第 4 季度的应收账款 110 400 元贴现 100 000 元，第 1 季度贴息比率为 3%，则贴息=100 000×3%=3 000（元），计入财务费用支出。贴现到账金额=100 000-3 000=97 000（元），该应收账款剩余 10 400 元。

（三）应付账款管理

在财务总监操作页面单击"付"图标，进入应付账款管理页面。应付账款管理包括"应付账款"一个栏目（见图 5-9）。

图 5-9 应付账款管理页面

应付账款指企业应支付但未支付的款项，计为短期负债。原料收货后形成应付账款，若逾期未支付，则系统自动扣除，且扣减商誉值。

> 📖【HW 公司案例】
>
> HW 公司购买了 50 个 CPU 和 50 个主板，这两笔货款形成应付账款，在"应付账款"栏目中支付（见图 5-10）。
>
>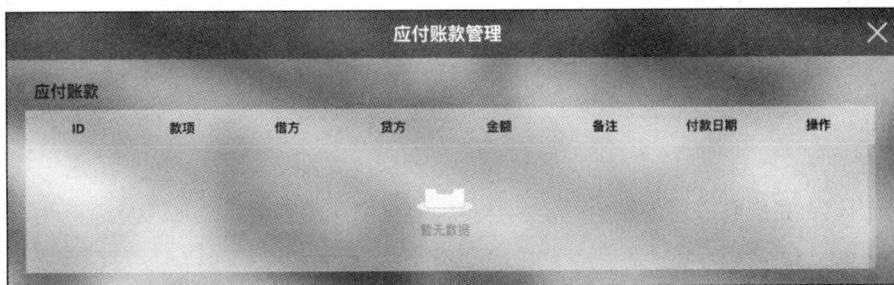
>
> 图 5-10 应付账款

（四）费用管理

在财务总监操作页面单击"费"图标，进入费用管理页面。费用管理包括"费用管理"一个栏目（见图 5-11）。

图 5-11 费用管理页面

微课 5-3

1. 企业费用类型

企业的费用包括管理费用、利息、情报费、所得税和违约金。"费用管理"中列示企业的管理费用、贷款本金和贷款利息（见图 5-12）。

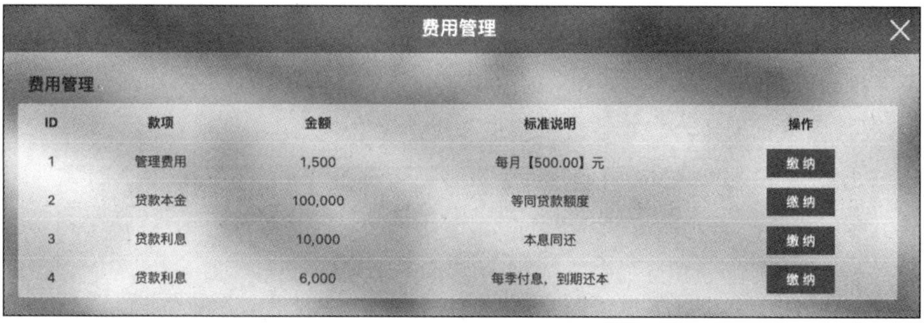

图 5-12 归还贷款和利息

2. 管理费用

管理费用为固定费用，每月 500 元，按季度支付，支付时金额为月度费用×3。每个季度支付时，在"费用管理"中单击"缴纳"按钮即可。

3. 贷款归还

系统每季提供本季度到期贷款和利息的账单。在"费用管理"中归还贷款本金及贷款利息。如未及时归还，则系统自动扣除，且同时扣除商誉值。

> 📖【HW 公司案例】
>
> HW 公司在第 1 年第 1 季度借入 1 笔长贷和 1 笔短贷，则第 2 年第 1 季度短贷到期，归还贷款本金和贷款利息（见图 5-12）；长贷未到期，只需归还贷款利息。单击对应的"缴纳"按钮即可。

4. 情报费

进入沙盘首页，单击页面右下角的"数据咨询"图标，进入数据咨询页面（见图 5-13）。购买其他企业情报需支付购买费用，这个费用称为情报费。单次购买单个企业信息的情报费为 10 000 元，有效期为 1 个季度。当季度内任意时间均可查看该组企业信息，但切到下季度时查看权限消失。单次可购买多组信息，也可在不同季度多次购买同一家企业信息。购买后可查看权限包括财务信息、产品库存、原料库存、产能明细和科研明细。

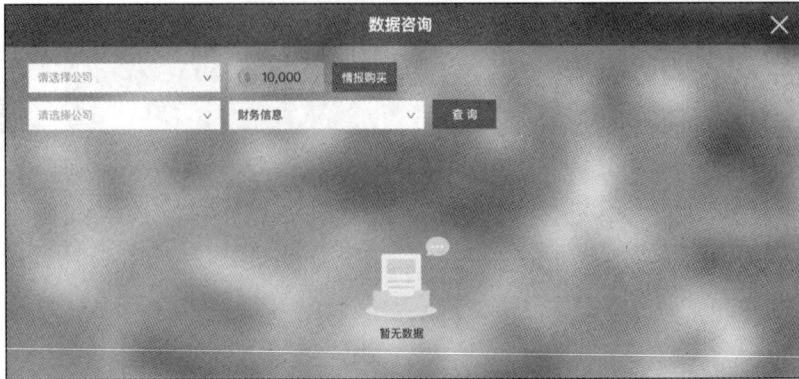

图 5-13 数据咨询页面

📖【HW 公司案例】

HW 公司购买第 1 组的企业信息并查看其科研明细。选择"第 1 组：1"（见图 5-14），单击"情报购买"按钮。然后选择"第 1 组：1"（见图 5-15），再选择"科研明细"，然后单击"查询"按钮，即可查看第 1 组关于特性研发的信息（见图 5-16）。

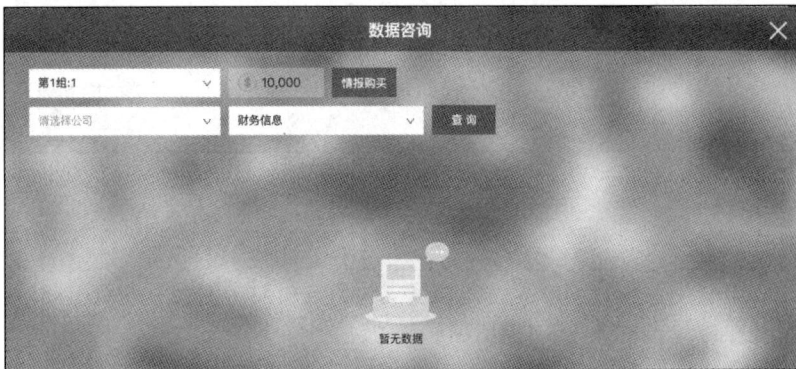

图 5-14 情报购买

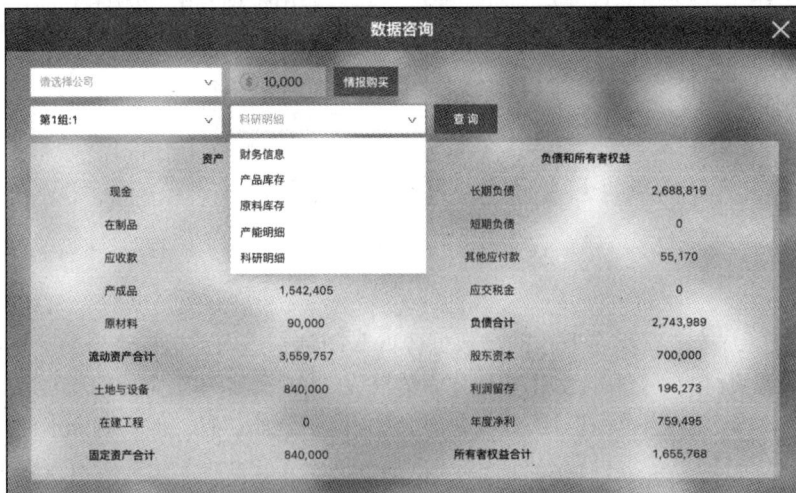

资产		负债和所有者权益	
现金		长期负债	2,688,819
在制品		短期负债	0
应收款		其他应付款	55,170
产成品	1,542,405	应交税金	0
原材料	90,000	负债合计	2,743,989
流动资产合计	3,559,757	股东资本	700,000
土地与设备	840,000	利润留存	196,273
在建工程	0	年度净利	759,495
固定资产合计	840,000	所有者权益合计	1,655,768

图 5-15 进行查询条件设置

图 5-16　科研明细

5. 违约金

未按时交付订单按违约处理，需要支付违约金。违约金=违约订单收入总额×违约金比例，违约金比例为 20%。订单违约当季季末系统自动扣除违约金。

> 📖【HW 公司案例】
>
> HW 公司一笔总额为 100 000 元的订单违约，则违约金=100 000×20%=20 000（元），当季季末系统自动扣除 20 000 元现金。

6. 所得税

当企业所有者权益超过初始权益时支付所得税，税率为 25%。所得税=税前利润×税率。若当期企业亏损至初始权益以下，须弥补以前年度亏损后再计算所得税。系统年末自动扣除所得税。

> 📖【HW 公司案例】
>
> HW 公司第 1、2、3 年税前利润如表 5-1 所示，第 1 年亏损 100 000 元，第 2 年盈利 60 000 元，第 3 年盈利 80 000 元，则第 1 年亏损 100 000 元，无须支付所得税；第 2 年先弥补第 1 年亏损，即-100 000+60 000=-40 000（元），弥补后仍亏损，无须支付所得税；第 3 年先弥补前两年总亏损，即-100 000+60 000+80 000=40 000（元），弥补后盈利 40 000 元，则第 3 年所得税=40 000×25%=10 000（元），第 3 年年末系统自动扣除所得税 10 000 元。
>
> 表 5-1　HW 公司前 3 年税前利润　　　　　　　　　　　　　　　　单位：元
>
> | 年份 | 税前利润 |
> | --- | --- |
> | 第 1 年 | -100 000 |
> | 第 2 年 | 60 000 |
> | 第 3 年 | 80 000 |

（五）预算控制

在财务总监操作页面单击"控"图标，进入预算控制页面。预算控制包括"预算控制"一个栏目（见图 5-17）。

微课 5-4

1. 预算填报

在开始操作之前，市场营销部、生产设计部、人力资源部 3 个部门同时填写预算金额，一旦确定无法更改。当上季度使用率小于 80% 或大于 120% 时，扣除企业得分。各部门在本季度预算中分别填写各部门预算，然后单击"确定"按钮即可（见图 5-17）。

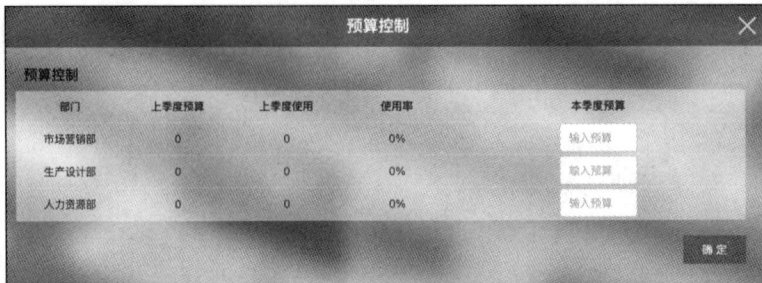

图 5-17　预算控制页面

2. 申请预算

预算额度用完时，可依据使用情况多次向财务总监申请预算。申请时无须填写具体金额，系统自动计算，财务总监依照实际情况决定是否通过。

> 📖【HW 公司案例】
>
> HW 公司人力资源部预算不足，系统自动计算需要 3 780 元预算，财务总监单击"通过"按钮即可（见图 5-18）。
>
>
>
> 图 5-18　预算申请

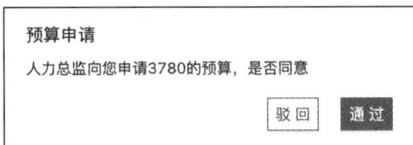

（六）报表管理

在财务总监操作页面单击"表"图标，进入报表管理页面。报表管理包括"综合费用表""利润表""资产负债表" 3 个栏目（见图 5-19）。在每年的第 4 季度报表管理功能开启后，企业需要填写 3 张报表，单击"保存"按钮则保存数据，且可以修改数据；单击"提交"按钮则提交报表，无法再修改数据。报表全部提交后，才能进入下一年操作。

微课 5-5

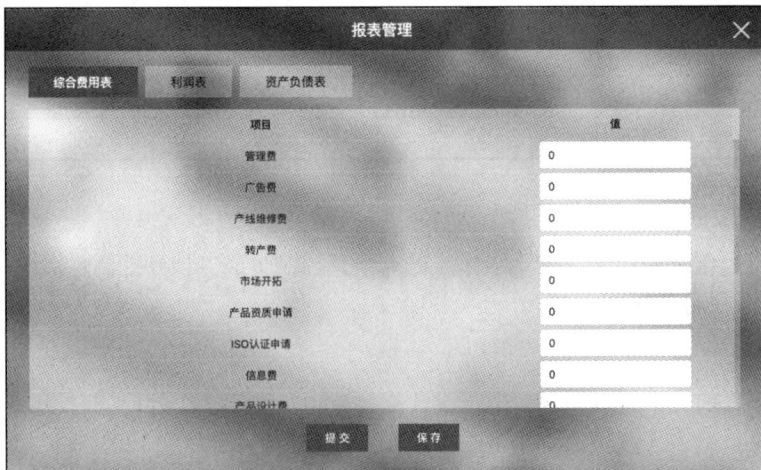

图 5-19　报表管理页面

二、财务数字化规则

　　财务数字化规则为本科版平台规则，学生可拓展学习，进一步了解财务数字化的发展方向。

微课 5-6

【实训过程】

一、编制财务预算

　　财务总监根据各年度市场营销计划、生产采购计划及人力资源计划编制财务预算，填写表 5-2 至表 5-5（具体填写方式可参见项目六）。

表 5-2　第 1 年财务预算　　　　　　　　　　单位：元

	预算项目	第 1 季度	第 2 季度	第 3 季度	第 4 季度	年度合计
财务	季度初资金					
	申请长贷					
	申请短贷					
	应收款更新					
	贴现 1Q					
	贴现 2Q					
	贴现 3Q					
	贴现 4Q					
	贴息					
	长贷利息					
	短贷利息					
	归还长期贷款					
	归还短期贷款					
	支付应付账款					
	管理费					
	财务支出合计					
人力	人力费					
	培训费					
	激励费					
	辞退福利					
	人力支出合计					
生产	购买原材料					
	建线					
	转产费					
	加工费					
	产品设计费					
	特性研发					
	生产支出合计					

129

续表

预算项目		第1季度	第2季度	第3季度	第4季度	年度合计
营销	市场开拓					
	产品资质申请					
	ISO认证申请					
	促销广告					
	营销支出合计					
	紧急采购支出					
	信息费					
	碳中和费用					
	生产线变卖收入					
	出售库存收入					
	季末资金					
季末自动	违约罚款					
	产线维修费					
	下季度初资金					
	支付所得税					
	年末资金					

注：人力费即员工薪酬，激励费即绩效，下同。

表5-3 第2年财务预算

单位：元

预算项目		第1季度	第2季度	第3季度	第4季度	年度合计
财务	季度初资金					
	申请长贷					
	申请短贷					
	应收款更新					
	贴现1Q					
	贴现2Q					
	贴现3Q					
	贴现4Q					
	贴息					
	长贷利息					
	短贷利息					
	归还长期贷款					
	归还短期贷款					
	支付应付账款					
	管理费					
	财务支出合计					

续表

预算项目			第1季度	第2季度	第3季度	第4季度	年度合计
人力		人力费					
		培训费					
		激励费					
		辞退福利					
		人力支出合计					
生产		购买原材料					
		建线					
		转产费					
		加工费					
		产品设计费					
		特性研发					
		生产支出合计					
营销		市场开拓					
		产品资质申请					
		ISO认证申请					
		促销广告					
		营销支出合计					
	紧急采购支出						
	信息费						
	碳中和费用						
	生产线变卖收入						
	出售库存收入						
	季末资金						
季末自动		违约罚款					
		产线维修费					
	下季度初资金						
	支付所得税						
	年末资金						

表5-4　第3年财务预算 单位：元

预算项目		第1季度	第2季度	第3季度	第4季度	年度合计
财务	季度初资金					
	申请长贷					
	申请短贷					
	应收款更新					
	贴现1Q					
	贴现2Q					
	贴现3Q					

续表

	预算项目	第1季度	第2季度	第3季度	第4季度	年度合计
财务	贴现4Q					
	贴息					
	长贷利息					
	短贷利息					
	归还长期贷款					
	归还短期贷款					
	支付应付账款					
	管理费					
	财务支出合计					
人力	人力费					
	培训费					
	激励费					
	辞退福利					
	人力支出合计					
生产	购买原材料					
	建线					
	转产费					
	加工费					
	产品设计费					
	特性研发					
	生产支出合计					
营销	市场开拓					
	产品资质申请					
	ISO认证申请					
	促销广告					
	营销支出合计					
	紧急采购支出					
	信息费					
	碳中和费用					
	生产线变卖收入					
	出售库存收入					
	季末资金					
季末自动	违约罚款					
	产线维修费					
	下季度初资金					
	支付所得税					
	年末资金					

表 5-5　第 4 年财务预算　　　　　　　　　　　　　　　　　　　　单位：元

预算项目		第 1 季度	第 2 季度	第 3 季度	第 4 季度	年度合计
财务	季度初资金					
	申请长贷					
	申请短贷					
	应收款更新					
	贴现 1Q					
	贴现 2Q					
	贴现 3Q					
	贴现 4Q					
	贴息					
	长贷利息					
	短贷利息					
	归还长期贷款					
	归还短期贷款					
	支付应付账款					
	管理费					
	财务支出合计					
人力	人力费					
	培训费					
	激励费					
	辞退福利					
	人力支出合计					
生产	购买原材料					
	建线					
	转产费					
	加工费					
	产品设计费					
	特性研发					
	生产支出合计					
营销	市场开拓					
	产品资质申请					
	ISO 认证申请					
	促销广告					
	营销支出合计					
紧急采购支出						
信息费						
碳中和费用						
生产线变卖收入						

续表

预算项目		第1季度	第2季度	第3季度	第4季度	年度合计
出售库存收入						
季末资金						
季末自动	违约罚款					
	产线维修费					
下季度初资金						
支付所得税						
年末资金						

二、编制财务报表

年末，财务总监根据各年度经营情况编制财务报表，填写表 5-6 至表 5-11（具体填写方式可参见项目六）。

表 5-6　综合费用表　　　　　　　　　　　　　　　　　　单位：元

费用	第1年	第2年	第3年	第4年
管理费				
广告费				
产线维修费				
转产费				
市场开拓				
产品资质申请				
ISO 认证申请				
信息费				
产品设计费				
辞退福利				
培训费				
激励费				
人力费				
碳中和费用				
特性研发				
合计				

表 5-7　利润表　　　　　　　　　　　　　　　　　　　　单位：元

收入/费用	第1年	第2年	第3年	第4年
销售收入				
直接成本				
毛利润				

续表

收入/费用	第1年	第2年	第3年	第4年
综合管理费用				
折旧前利润				
折旧				
支付利息前利润				
财务费用				
营业外收入				
营业外支出				
营业外收支				
税前利润				
所得税				
净利润				

表 5-8 第 1 年资产负债表　　　　　　　　　　　　　　　　单位：元

资产		负债和所有者权益	
现金		长期负债	
应收款		短期负债	
在制品		其他应付款	
产成品		应交税费	
原材料		负债合计	
流动资产合计		股东资本	
机器与设备		利润留存	
在建工程		年度净利	
固定资产合计		所有者权益合计	
资产总计		负债和所有者权益合计	

表 5-9 第 2 年资产负债表　　　　　　　　　　　　　　　　单位：元

资产		负债和所有者权益	
现金		长期负债	
应收款		短期负债	
在制品		其他应付款	
产成品		应交税费	
原材料		负债合计	
流动资产合计		股东资本	
机器与设备		利润留存	
在建工程		年度净利	
固定资产合计		所有者权益合计	
资产总计		负债和所有者权益合计	

表 5-10　第 3 年资产负债表　　　　　　　　　　　　单位：元

资产		负债和所有者权益	
现金		长期负债	
应收款		短期负债	
在制品		其他应付款	
产成品		应交税费	
原材料		负债合计	
流动资产合计		股东资本	
机器与设备		利润留存	
在建工程		年度净利	
固定资产合计		所有者权益合计	
资产总计		负债和所有者权益合计	

表 5-11　第 4 年资产负债表　　　　　　　　　　　　单位：元

资产		负债和所有者权益	
现金		长期负债	
应收款		短期负债	
在制品		其他应付款	
产成品		应交税费	
原材料		负债合计	
流动资产合计		股东资本	
机器与设备		利润留存	
在建工程		年度净利	
固定资产合计		所有者权益合计	
资产总计		负债和所有者权益合计	

三、编制财务分析报告

财务总监根据各年度财务报表计算各项财务分析指标并编制财务分析报告，填写表 5-12。

表 5-12　财务分析指标

指标		第 1 年	第 2 年	第 3 年	第 4 年
偿债能力	流动比率				
	资产负债率				
	利息保障倍数				
营运能力	应收账款周转率				
	存货周转率				
	固定资产周转率				
	总资产周转率				

续表

	指标	第1年	第2年	第3年	第4年
盈利能力	营业利润率				
	净资产收益率				
发展能力	营业收入增长率				
	资本保值增值率				
	总资产增长率				
	营业利润增长率				

四、按计划实操沙盘

请各组财务总监按照各年年度计划，配合其他部门实操沙盘。

【实训总结】

请各组财务总监撰写各年经营总结。

项目拓展

华为的全面预算管理体系

华为作为一家高速发展的企业，在产品研发、智能制造、人力资源等方面都值得我们学习和借鉴。在财务管理方面，华为的全面预算管理体系也是使华为具有长久生命力的重要支撑。

华为认为，全面预算是公司年度全部经营活动的依据，是驾驭外部环境的不确定性、减少决策的盲目性和随意性、提高公司整体绩效水平和管理水平的重要途径。全面预算的主要任务是：

统筹协调各部门的目标和活动；预计年度经营计划的财务效果和对现金流量的影响；优化资源配置；确定各责任中心的经营责任；为控制各部门的费用支出和评价各部门的绩效提供依据；公司设立多级预算控制体系，各责任中心的一切收支都应纳入预算。

全面预算管理是在批准的战略规划的基础上，确定资源配置和投入规划，并进行过程监控，保证公司经营目标达成。清晰的发展战略和业务规划是实施预算的前提条件。

预算的生成方法，应以客户为起点，以项目为基础，由外向内生成预算。正如任正非所说："我们的利润来源于'客户'，因此我们的预算源头也应该是'客户'，只有把面向客户销售的预算做清楚，才能向后分解成可靠的、扎实的产品及区域维度的年度预算。"

年度预算的制定就是基于项目/机会点，按照"战略计划—项目—预算"的逻辑建立预算分配机制。项目经营团队根据业务计划及授予的预算向支撑组织购买资源。全面预算从时间维度来说有长期和短期之分，长期是战略财经预算，短期是年度预算。产品和项目预算是华为做好经营管理的基本单元，华为虽然更强调项目预算这个维度，但也没有忽略产品的生命周期预算。不同产品处于不同的生命周期，对其预算也应该实行差异化管理。

此外，全面预算还要进行闭环管理，通过计划预算来牵引，通过核算对计划预算的执行情况进行评估和监控，以保障业务可持续发展，实现规避风险与敢于投资的平衡。

思考：

1. 查找资料，系统了解华为的全面预算管理系统，总结其价值和意义。
2. 你认为华为全面预算管理得以实施的核心要素是什么？

中华优秀传统管理案例

自贡盐井的金融模式

自清代以来，自贡便以执四川井盐之牛耳享有盛誉。两次"川盐济楚"举措，使这座井盐之都不仅成为"川省精华之地""富庶甲于蜀中"，而且也在中国近代金融业的发展史上写下了浓墨重彩的一笔。

自贡盐商为确保合资经济的正常运作，普遍实行了契约股份制。它是中国人建构的一种股份制民族形式，在世界股份制度史上占有重要地位。自贡盐场签署于清乾隆年间的盐井经营契约，被我国著名经济学家厉以宁先生称作中国最早的股票。自贡盐商是契约股份制经营的首创者。

在延续了近300年的契约股份制的运作中，自贡盐商留下的数以千计的经营井、笕、灶、号的契约中，明细规定了股权单位、投资者、土地所有者的股份数额。自流井盐商一般以30股即30班来计算全部股权。贡井则以24股即24班计算股权。在经营过程中，又可依情势变化、资金运作、产权更迭等情况，签订股权转让、出顶，即做中节、下节、再下节、杜卖等各类契约。

自贡盐商以股东的资本集合为基础，可同时容纳多种所有者并存其中。这些不同的所有者之间就生产资料的实物形态来说，并不具有独立性、排他性，而是具有包容性、融合性。这种模式可以强化股东的内聚意识，促进不同的所有者在经济利益上能够互补共赢，从而使各方利益社会化。

这就是当年自贡的金融现象，也是对历史上被誉为四川金融"华尔街"的自流井的生动写照。它的繁荣令人叹为观止，让当时的"经济强都"自贡光彩永溢、熠熠生辉，名载史册。

巩固与提高

一、不定项选择题

1. 根据"以销定产"的原则，以（　　）为年度预算的编制起点。
   A. 现金预算　　　　B. 生产预算　　　　C. 销售预算　　　　D. 利润表预算

2. 一套完整的财务报表包括（　　）。
   A. 资产负债表　　　　　　　　　　B. 利润表
   C. 所有者权益变动表　　　　　　　D. 财务报表附注

3. 以下属于偿债能力指标的是（　　）。
   A. 应收账款周转率　B. 营业利润率　　C. 资本保值增值率　D. 利息保障倍数

4. "融资规则"中的贷款类型包括（　　）。
   A. 股东投资　　　　B. 短期银行融资　C. 长期银行融资　　D. 直接融资

5. 长期银行融资每季度的贷款利率为（　　）。
   A. 2%　　　　　　　B. 5%　　　　　　C. 7%　　　　　　　D. 10%

6. 2季度贴现的贴息比率为（　　）。
   A. 3%　　　　　　　B. 5%　　　　　　C. 7%　　　　　　　D. 10%

7. 管理费用为固定费用，按（　　）支付。
   A. 月　　　　　　　B. 季度　　　　　C. 年　　　　　　　D. 天

8. 情报费的有效期为（　　）个季度。
   A. 1　　　　　　　　B. 2　　　　　　　C. 3　　　　　　　　D. 4

9. 报表管理页面包括（　　）。
   A. 资产负债表　　　B. 利润表　　　　C. 现金流量表　　　D. 所有者权益变动表

二、填空题

1. 财务总监操作页面包括＿＿＿、＿＿＿、＿＿＿、＿＿＿、＿＿＿、＿＿＿6个子操作。

2. 企业贷款额度是有上限的，当年贷款额度是上年权益额度的＿＿＿＿倍。

3. 贴息计入＿＿＿＿＿＿，系统自动扣除。

4. ＿＿＿＿＿＿即企业应支付但未支付的账款，计为短期负债。

5. 单击沙盘首页右下角的＿＿＿＿＿＿按钮，可购买其他企业情报。

三、计算题

1. 某公司在第3年第2季度时将一笔收款日期为第3年第4季度的应收账款200 000元贴现50 000元。该笔贴现的贴息是多少？实际到账金额是多少？

2. 某公司第 1、2、3 年的税前利润如下：第 1 年亏损 150 000 元，第 2 年盈利 50 000 元，第 3 年盈利 300 000 元。该公司每年需要缴纳的所得税分别为多少？（所得税税率为 25%）

四、简答题

某公司在经营过程中因资金不足需要融资 200 000 元，目前尚有 150 000 元融资额度以及一笔账期为 1 个季度的应收账款 300 000 元。请为该公司制订融资计划，并计算财务费用。

项目六
典型案例

学习目标

知识目标：

1. 巩固战略管理、市场营销、财务管理、人力资源管理、生产运作、物流管理、市场信息收集与分析等基础知识

2. 熟悉制造业企业的完整运营流程，理解物流、资金流、信息流的协作过程

3. 熟练操作规则，进一步理解操作步骤及其逻辑关系

能力目标：

1. 能够熟练运用市场分析、战略制定、生产运作等管理方法开展企业经营管理活动

2. 能够熟练使用 Excel 工具制订企业经营计划

3. 能够使企业取得较高的利润，使股东资本增值

素质目标：

1. 培养沟通协作、分析规划能力及创新思维

2. 培养共赢理念，树立诚信原则，遵守职业道德

3. 树立自信、自主、自立、自强的企业家精神

项目导学

经过前面 5 个项目的学习，相信读者已经熟练掌握了平台规则，并已初步摸索出了一套适合自己的经营方法。但考虑到读者对书中以 Excel 为工具的经营运筹方法及管理知识的运用可能还会存在一些困惑或缺乏系统性的理解，本项目将提供一套典型的实操案例。该案例以企业设立为起点，从市场分析入手，将管理学的相关理论知识运用其中，并使用 Excel 计划表格辅助管理，让读者通过该案例体验企业的完整运营流程，理解物流、资金流和信息流的协作过程，进一步巩固战略管理、市场营销、生产运作、人力资源及财务管理等管理知识和技能。

该项目共分为 5 个部分，包括企业设立、市场分析及定位和第 1、2、3 年经营运作。企业设立中以创建一家手机公司为例，在企业成立伊始为企业制订愿景及宣言；市场分析及定位中对 4 年的市场需求进行产品、特性、渠道等全方位分析，并制定企业 4 年营销策略；接下来团队成员在公司战略目标及营销策略的指导下，利用自己的专业知识及充分的沟通协作，分析规划每一年的经营计划并在激烈的竞争中实现利润最大化目标，最终实现企业的战略目标。

该案例只提供了 3 年经营运作方案，且并未引入企业间的竞争因素，也没有涉及具体的竞争策略，旨在提供全面的经营管理思路及完整的经营计划方案，帮助读者理解管理知识的运用及计

划表格的使用。希望该案例能够起到抛砖引玉的作用，让读者在系统地理解管理思路、使用管理工具的前提下，在不断变化的市场竞争中实现变中求稳、稳中求进、进中突破。

项目实训

一、企业设立

（一）公司介绍

HW 公司成立于 2024 年，是一家刚刚融资成功的手机制造公司。公司产品以性能强大、安全性高、电池续航能力强等特点广受客户喜欢。随着数字化时代的浪潮，公司高层起用一批年轻人，使用数字化手段，用数据驱动生产和管理，助力企业快速发展。

（二）公司组织结构

为了公司稳定、快速地发展，公司高层聘用了一批极具开拓力的管理层人员，李俊任市场营销部总监，王潇任生产设计部总监，李琳任人力资源部总监，张萌任财务部总监。公司组织结构如图 6-1 所示。

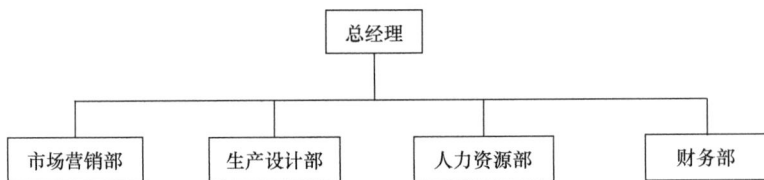

图 6-1　HW 公司组织结构

（三）公司愿景及宣言

在公司高层的带领下，管理层团队共同分析市场及竞争态势，结合公司的优劣势进行了 SWOT 分析，提出企业愿景为"让沟通变得便捷且美好"，企业宣言为"成为手机市场的引领者"。

二、市场分析及定位

经过前期的市场调研，HW 公司发现目前市场对 3 种类型的手机需求较大，分别为畅享系列、P 系列和 Mate 系列。由于手机使用人群不同，市场上对手机的特性需求又分为 3 类，分别为简约版、青春版和商务版。而 HW 公司的管理层们深知，要想在商业竞争中取得成功，首先要对手机市场做详细的调研和分析，才能做出更准确的管理决策。于是，市场营销总监李俊带领他的团队开始了对手机市场的研究。

经过初步调研，营销团队获得了一份关于未来 4 年手机市场需求的报告。经初步研究，他们发现，公司不仅可以通过经销商在国内销售手机，还可以将手机的销售通过经销商扩展到亚洲和欧洲。接下来，营销团队将针对经销商市场需求开展更深入的分析。

（一）产品生命周期

对经销商市场需求数据（参见附录"经销商订单表"）进行数据透视分析，以折线图的形式展示各产品在未来 4 年的生命周期，如图 6-2 所示。

微课 6-1

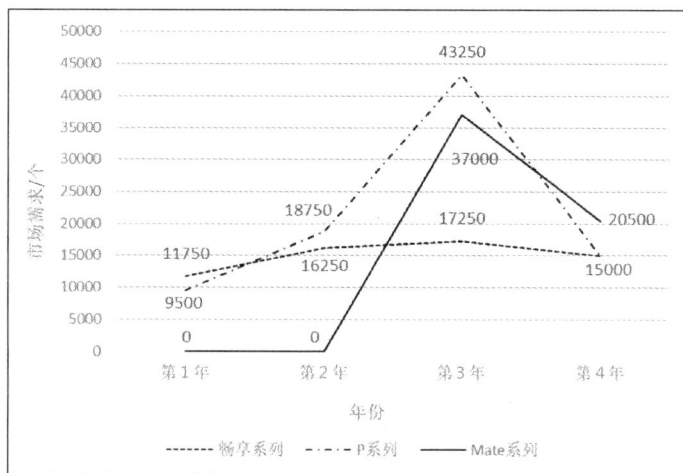

图 6-2　产品生命周期

通过对产品生命周期的分析，营销团队得出以下结论。

（1）畅享系列产品 4 年的需求量较平均，第 1 年在 3 类产品中需求最高，第 3、4 年需求最低。

（2）P 系列产品在前 3 年需求递增，在第 3 年达到需求高峰且在 3 类产品中需求最高，第 4 年下滑，且与畅享系列产品需求相同。

（3）Mate 系列产品在第 1、2 年没有需求，第 3 年的需求略低于 P 系列，第 4 年需求下滑，但在 3 类产品中需求最高。

（二）产品价格分析

对各产品的市场需求量分析完成后，营销团队又着手于 3 类产品的价格分析。经过数据透视分析，未来 4 年各产品的平均价格走势如图 6-3 所示。

微课 6-2

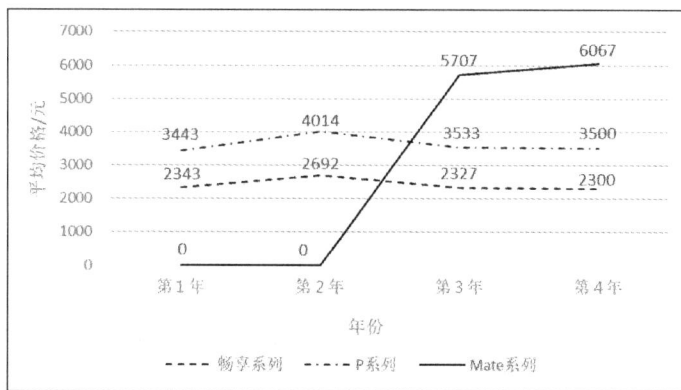

图 6-3　产品平均价格

通过对产品平均价格走势的分析，营销团队得出以下结论。

（1）Mate 系列产品平均价格最高，其次是 P 系列产品，畅享系列产品的平均价格最低。

（2）3 类产品的平均价格基本保持上下略微波动，变化幅度不大。

根据产品生命周期及产品价格分析，营销团队计划在第 1 年销售畅享系列和 P 系列产品，在第 2 年销售 P 系列产品，在第 3、4 年销售 Mate 系列产品。

（三）特性生命周期

鉴于市场对手机还有不同特性的需求，营销团队对特性展开了分析。经数据透视分析，各特性在未来 4 年的生命周期如图 6-4 所示。

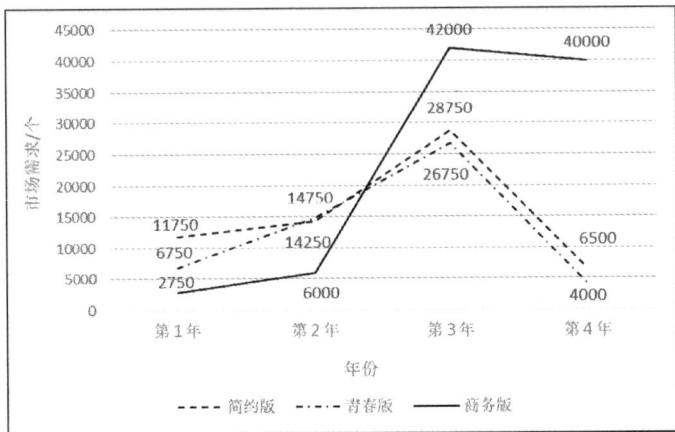

图 6-4　特性生命周期

通过对特性生命周期的分析，营销团队得出以下结论。

（1）简约版第 1 年在 3 类特性中需求最高，第 2、3 年递增，第 4 年需求急剧下降。

（2）青春版和简约版需求相近，第 1、3、4 年略低于简约版。

（3）商务版需求在前两年低于简约版和青春版，第 3、4 年需求在 3 类特性中最高，且第 4 年成为市场的主要需求。

根据以上分析，营销团队计划在第 1 年销售简约版产品，第 2 年销售青春版产品，第 3、4 年销售商务版产品。

（四）渠道需求分析

最后，营销团队对 3 个渠道进行需求分析。经过数据透视分析，未来 4 年各渠道的需求如图 6-5 所示。

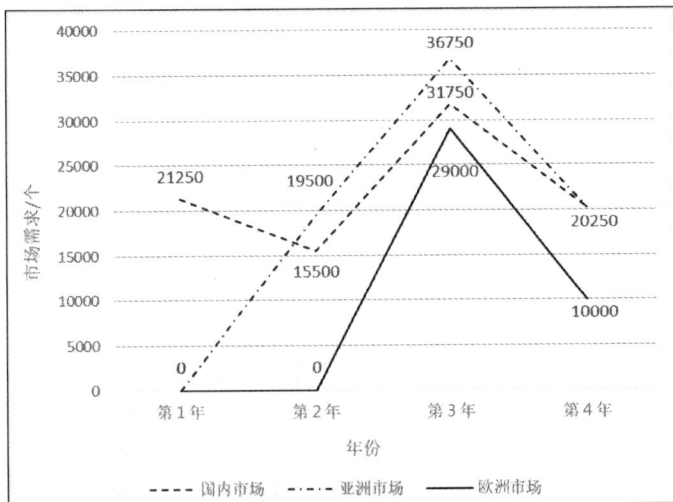

图 6-5　渠道需求

通过对各渠道需求的分析，营销团队得出以下结论。

（1）国内市场在第 1 至 4 年均有需求，且各年需求上下波动。

（2）亚洲市场在第 2 至 4 年有需求，需求先增后减，且在 3 个渠道中最高。

（3）欧洲市场在第 3、4 年有需求，第 3 年需求高于第 4 年，且在 3 个渠道中最低。

各渠道每年的订单量和产品单价均不同，公司可以依据当年市场竞争情况做出渠道选择，根据各渠道需求时间及开拓周期开拓全部渠道。

（五）4 年 4P 营销策略

基于 HW 公司定位于成为"手机市场的引领者"，营销团队结合以上市场分析，制定公司 4 年 4P 营销策略，如表 6-1 所示。

表 6-1 HW 公司 4 年 4P 营销策略

营销策略	第 1 年	第 2 年	第 3 年	第 4 年
产品+特性	畅享系列简约版 P 系列简约版	P 系列青春版	Mate 系列商务版	Mate 系列商务版
渠道	国内市场	国内市场 亚洲市场	国内市场 亚洲市场 欧洲市场	国内市场 亚洲市场 欧洲市场
定价	高定价	高定价	高定价	高定价
促销	高促销广告	高促销广告	高促销广告	适当促销广告

（六）4 年研发认证计划

营销总监根据公司战略定位及 4 年 4P 营销策略，制订 4 年研发认证计划，如表 6-2 至表 6-4 所示。（表中"1""2""3""4"分别代表第 1 季度、第 2 季度、第 3 季度和第 4 季度，以下表格相同。）

表 6-2 HW 公司 4 年渠道开拓计划 单位：元

市场	第 1 年				第 2 年				第 3 年				第 4 年			
	1	2	3	4	1	2	3	4	1	2	3	4	1	2	3	4
国内市场	10 000															
亚洲市场		10 000	—	—												
欧洲市场					30 000	—	—	—								

第 1 年第 1 季度投入 10 000 元开拓国内市场，于第 2 季度开拓成功；第 1 年第 2 季度投入 10 000 元开拓亚洲市场，于第 2 年第 1 季度开拓成功；第 2 年第 1 季度投入 30 000 元开拓欧洲市场，于第 3 年第 1 季度开拓成功。

表 6-3 HW 公司 4 年产品研发计划 单位：元

产品	第 1 年				第 2 年				第 3 年				第 4 年			
	1	2	3	4	1	2	3	4	1	2	3	4	1	2	3	4
畅享系列	10 000															
P 系列	20 000	—														
Mate 系列					50 000	—	—									

第1年第1季度投入10 000元研发畅享系列产品，于第2季度研发成功；第1年第1季度投入20 000元研发P系列产品，于第3季度研发成功；第2年第1季度投入50 000元研发Mate系列产品，于第3年第1季度研发成功。

表6-4 HW公司4年ISO认证计划 单位：元

认证标准	第1年				第2年				第3年				第4年			
	1	2	3	4	1	2	3	4	1	2	3	4	1	2	3	4
ISO9000	10 000															
ISO14000		10 000	—	—												
ISO26000					20 000	—	—	—								

经销商市场订单每年的ISO资格要求不同，第1年订单的ISO资格要求为ISO9000，第2年为ISO9000和ISO14000，第3年为ISO9000、ISO14000和ISO26000。第1年第1季度投入10 000元认证ISO9000资格，于第2季度认证成功；第1年第2季度投入10 000元认证ISO14000资格，于第2年第1季度认证成功；第2年第1季度投入20 000元认证ISO26000资格，于第3年第1季度认证成功。

至此，营销总监李俊带领他的团队完成了对手机市场的分析，并制订了公司的4年4P营销策略及研发认证计划。接下来，总经理将与各总监一起制订第1年的经营计划，并开始第1年的经营运作。

三、第1年经营计划及运作

HW公司总经理带领各部门总监开始投入第1年的经营运作，但这时各位总监都无从下手。原来，公司只是制订了4年整体规划，并没有制订每年的执行计划。总经理立马召集各总监开会讨论，一起着手制订第1年的经营计划。

首先，营销总监李俊提出：虽然我们已经制定了4年营销策略，但还需要进一步分析今年的市场订单需求，并制订今年的销售计划，拿出可执行的销售方案。

其次，生产总监王潇提出：生产为销售服务，我们需要结合今年公司的销售计划制订生产计划。

再次，人力总监李琳提出：我们为生产服务，生产需要招聘什么样的工人，招聘多少个，在生产部门提报计划后，我们就可以按计划开展人才招聘工作。

最后，财务总监张萌提出：公司建立初期，3个部门都需要大量的资金投入，财务部门汇总各部门今年的计划后，编制今年的现金预算并根据资金情况制订融资计划，保证各部门工作的正常运作。

会议结束后，各部门开始投入第1年的经营计划制订工作。

（一）第1年总体销售计划

营销总监李俊带领营销团队展开对第1年市场需求的分析，并制订第1年总体销售计划。在"经销商订单表"（参见附录）中筛选年份为"1"的订单信息，如表6-5所示。

表6-5 第1年经销商订单表

年份	季度	编码	市场	产品	特性	供应商参考价/元	数量/个	交货期/季度	账期/季度	认证标准
1	2	1	国内市场	畅享系列	商务版	2 500	2 500	4	1	ISO9000

续表

年份	季度	编码	市场	产品	特性	供应商参考价/元	数量/个	交货期/季度	账期/季度	认证标准
1	2	2	国内市场	畅享系列	简约版	2 400	500	4	2	ISO9000
1	2	3	国内市场	畅享系列	简约版	2 400	1 000	3	1	ISO9000
1	2	4	国内市场	畅享系列	简约版	2 400	250	4	2	ISO9000
1	2	5	国内市场	畅享系列	简约版	2 300	2 500	4	2	ISO9000
1	2	6	国内市场	P 系列	商务版	3 600	250	4	1	ISO9000
1	2	7	国内市场	P 系列	青春版	3 500	250	3	1	ISO9000
1	2	8	国内市场	P 系列	青春版	3 500	1 000	4	2	ISO9000
1	2	9	国内市场	P 系列	青春版	3 500	500	4	2	ISO9000
1	2	10	国内市场	P 系列	简约版	3 400	2 500	4	2	ISO9000
1	3	11	国内市场	畅享系列	简约版	2 200	2 500	4	2	ISO9000
1	3	12	国内市场	畅享系列	青春版	2 200	2 500	4	2	ISO9000
1	3	13	国内市场	P 系列	简约版	3 300	2 500	4	2	ISO9000
1	3	14	国内市场	P 系列	青春版	3 300	2 500	4	2	ISO9000

根据第 1 年经销商市场订单信息可知，第 1 年产品需求总量为 21 250 个。经调研，市场上共有 39 家同类企业，平均每家企业可获得约 540 个产品订单。根据公司 4 年 4P 营销策略，第 1 年可生产并销售畅享系列简约版和 P 系列简约版产品共约 540 个。为避免激烈的竞争造成抢单不足的情况发生，第 2 季度首次抢单时计划投放 10 万元促销广告，力争全部拿单。

（二）第 1 年生产计划及预算

生产总监王潇在拿到第 1 年总体销售计划后，带领生产团队结合多年生产经验，制订第 1 年的生产计划及预算。经研究，目前可以采用的生产线有 3 种：传统线、全自动线和全智能线。为提高生产效率、降低成本，第 1 年决定选择建设全自动线开展生产。

全自动线需要 1 个季度的建设周期，如果第 1 年第 1 季度开始建设，第 2 季度可以投入生产，那么第 1 年该生产线可以投入使用 3 个季度（即第 2、3、4 季度）。经过 1 个季度的生产周期，在第 1 年第 3、4 季度即可产品入库。根据 4P 营销策略，第 1 年要销售畅享系列简约版和 P 系列简约版产品，计划第 2 季度生产畅享系列简约版产品、第 3 季度生产 P 系列简约版产品。由于 4P 营销策略中，第 2 年销售 P 系列青春版产品，那么第 1 年第 4 季度生产 P 系列青春版产品，并在第 2 年第 1 季度入库，这样不影响第 1 年产品库存及销售。第 1 年相关生产计划如下。

1. 产品设计费用支出计划

根据以上分析编制产品设计费用支出计划，如表 6-6 所示。第 1 年第 2 季度花费 1 000 元设计畅享系列简约版产品，第 1 年第 3 季度花费 1 000 元设计 P 系列简约版产品，第 1 年第 4 季度花费 1 000 元设计 P 系列青春版产品。

表 6-6　HW 公司第 1 年产品设计费用支出计划　　　　　　单位：元

产品+特性		第 1 季度	第 2 季度	第 3 季度	第 4 季度
畅享系列	简约版		1 000		
	青春版				
	商务版				

产品+特性		第1季度	第2季度	第3季度	第4季度
P系列	简约版			1 000	
	青春版				1 000
	商务版				
Mate系列	简约版				
	青春版				
	商务版				

2. 生产线排程及预算

为提高工人产出比，计划每条全自动线配置2名60%效率的初级工人和1名100%效率的高级技工，那么1条全自动线每个季度的实际产量=20×[1+(60%+60%)/4+100%]=46（个）。这条全自动线在第1年第3、4季度产品入库，第1年的实际产量为92个。第1年总体销售计划为540个产品，那么第1年第1季度至少需要建设6（即540÷92=5.87≈6）条全自动线才能满足该销量。6条全自动线第1年总产量=92×6=552（个）。

第1年生产线排程及预算如表6-7所示：第1年第1季度建设6条全自动线生产P1产品，每条线投入100 000元，合计600 000元；第2季度全部生产P1T1（畅享系列简约版）产品；第3季度全部转产为P2T1（P系列简约版）产品，每条线的转产费为5 000元，合计30 000元；第4季度全部生产P2T2（P系列青春版）产品。

表6-7 HW公司第1年生产线排程及预算

生产线	第1季度	第2季度	第3季度	第4季度
全自动线	100 000-P1	P1T1	5 000-P2T1	P2T2
全自动线	100 000-P1	P1T1	5 000-P2T1	P2T2
全自动线	100 000-P1	P1T1	5 000-P2T1	P2T2
全自动线	100 000-P1	P1T1	5 000-P2T1	P2T2
全自动线	100 000-P1	P1T1	5 000-P2T1	P2T2
全自动线	100 000-P1	P1T1	5 000-P2T1	P2T2
费用合计/元	600 000	—	30 000	—

3. 主生产计划

根据第1年生产线排程可知，6条全自动线每季度总产量为276（即46×6）个。第1年主生产计划如表6-8和表6-9所示：第1年第2季度生产276个畅享系列简约版产品，于第3季度入库；第3季度生产276个P系列简约版产品，于第4季度入库；第4季度生产276个P系列青春版产品，于第2年第1季度入库。

表6-8 HW公司第1年主生产计划——畅享系列产品　　　　　　　　　　　　　单位：个

畅享系列P1		第1季度	第2季度	第3季度	第4季度
简约版T1	生产		276		
	入库			276	
	交货				
	库存			276	

畅享系列 P1		第 1 季度	第 2 季度	第 3 季度	第 4 季度
青春版 T2	生产				
	入库				
	交货				
	库存				
商务版 T3	生产				
	入库				
	交货				
	库存				

表 6-9　HW 公司第 1 年主生产计划——P 系列产品　　　　　　单位：个

P 系列 P2		第 1 季度	第 2 季度	第 3 季度	第 4 季度
简约版 T1	生产			276	
	入库				276
	交货				
	库存				276
青春版 T2	生产				276
	入库				
	交货				
	库存				
商务版 T3	生产				
	入库				
	交货				
	库存				

4．加工费核算

1 条全自动线需要 2 名初级工人和 1 名高级技工，那么 1 条全自动线 1 个季度的加工费=46×（50×2+100×1）=9 200（元）。第 1 年的加工费核算如表 6-10 所示：根据生产线排程，从第 2 季度开始到第 4 季度，每条全自动线每季度的加工费为 9 200 元，6 条全自动线每季度合计为 55 200 元，第 1 年的总加工费为 165 600 元。

表 6-10　HW 公司第 1 年加工费核算　　　　　　单位：元

生产线	第 1 季度	第 2 季度	第 3 季度	第 4 季度	合计
全自动线		9 200	9 200	9 200	27 600
全自动线		9 200	9 200	9 200	27 600
全自动线		9 200	9 200	9 200	27 600
全自动线		9 200	9 200	9 200	27 600
全自动线		9 200	9 200	9 200	27 600
全自动线		9 200	9 200	9 200	27 600
合计		55 200	55 200	55 200	165 600

5. 物料需求计划

为保证生产顺利进行，根据主生产计划、各产品原料构成及原料采购周期编制第 1 年物料需求计划，如表 6-11 所示：第 1 年第 2 季度生产 276 个畅享系列产品，那么在第 1 年第 2 季度需要入库 276 个 CPU 和 276 个主板，且这两种原料的采购周期均为 1 个季度，因此在第 1 年第 1 季度订购 276 个 CPU 和 276 个主板；第 1 年第 3 季度生产 276 个 P 系列产品，那么在第 1 年第 3 季度需要入库 276 个 CPU、276 个主板和 276 个摄像头，其中 CPU 和主板的采购周期为 1 季度，在第 1 年第 2 季度订购即可，而摄像头的采购周期为 2 个季度，需要在第 1 年第 1 季度订购；第 1 年第 4 季度生产 276 个 P 系列产品，同样，CPU 和主板提前 1 个季度，即在第 1 年第 3 季度订购，摄像头提前 2 个季度，即在第 1 年第 2 季度订购。根据 4P 营销策略，第 2 年销售 P 系列青春版产品，第 2 年初暂无扩建生产线的计划，还按 276 个产量订购原料。第 3、4 季度需要继续订购 276 个摄像头、第 4 季度需要继续订购 276 个 CPU 和 276 个主板，才能保证第 2 年第 1、2 季度的原料库存充足。

表 6-11　HW 公司第 1 年物料需求计划

原料		第 1 季度	第 2 季度	第 3 季度	第 4 季度	合计
R1 CPU	订购/个	276	276	276	276	1 104
	入库/个		276	276	276	828
	领用/个					
	库存/个					
	付款/元	0	138 000	138 000	138 000	414 000
R2 主板	订购/个	276	276	276	276	1 104
	入库/个		276	276	276	828
	领用/个					
	库存/个					
	付款/元	0	138 000	138 000	138 000	414 000
R3 摄像头	订购/个	276	276	276	276	1 104
	入库/个			276	276	552
	领用/个					
	库存/个					
	付款/元	0	0	138 000	138 000	276 000
R4 屏幕	订购/个					
	入库/个					
	领用/个					
	库存/个					
	付款/元	0	0	0	0	0
付款金额合计/元		0	276 000	414 000	414 000	1 104 000

6. 特性研发计划

为确保第 1 年顺利拿单，生产总监决定在第 2 季度抢单前投入 40 000 元研发简约版特性，简约版特性值增加至 51。第 1 年特性研发计划如表 6-12 所示。

表 6-12　HW 公司第 1 年特性研发计划　　　　　　　　　　　　　　单位：元

特性	第 1 季度	第 2 季度	第 3 季度	第 4 季度
简约版		40 000		
青春版				
商务版				

7．生产设计部预算

综上所述，第 1 年生产设计部预算包括产品设计费 0.3 万元、生产线建设费 60 万元、转产费 3 万元、加工费 16.56 万元、原料采购费 110.4 万元和特性研发费 4 万元，共计 194.26 万元。

（三）第 1 年人力计划及预算

人力总监李琳带领人力团队，根据生产计划制订第 1 年人力计划及预算。

1．人力排程

根据第 1 年生产线排程，第 1 年需要建设 6 条全自动线，每条全自动线需要配置 2 名初级工人和 1 名高级技工，那么需要招聘 12 名初级工人和 6 名高级技工。第 1 年人力排程如表 6-13 所示：第 1 年第 1 季度招聘 12 名初级工人和 6 名高级技工，第 2、3、4 季度全部开工开产。

表 6-13　HW 公司第 1 年人力排程　　　　　　　　　　　　　　单位：人

工人选用		第 1 季度	第 2 季度	第 3 季度	第 4 季度
初级工人	招聘人数	12			
	开工人数		12	12	12
	解雇人数				
高级技工	招聘人数	6			
	开工人数		6	6	6
	解雇人数				

2．人力成本预算

根据人力排程及生产总监提报的工人效率要求，编制第 1 年人力成本预算，如表 6-14 所示。

表 6-14　HW 公司第 1 年人力成本预算　　　　　　　　　　　　　　单位：元

人力成本	第 1 季度	第 2 季度	第 3 季度	第 4 季度	合计
员工薪酬			45 000	45 000	90 000
绩效（激励或涨薪）		120 000	18 000	18 000	156 000
培训费					0
辞退费					0

（1）员工薪酬按工人平均工资测算，每季度初级工人薪酬=500×3×12=18 000（元），高级技工薪酬=1 500×3×6=27 000（元），每季度总薪酬=18 000+27 000=45 000（元）。当季度薪酬在下季度发放，第 1 年第 2、3、4 季度员工开工生产，第 1 年第 3、4 季度发放薪酬。

（2）经分析研究，在当前情况下激励比涨薪的投入产出比更高，计划使用激励方式提高工人效率。按生产总监提报的初级工人 60% 和高级技工 100% 的效率要求，根据市场上初级工人和高级技工的效率预估初级工人效率平均提升 5%，高级技工效率平均提升 30%，那么第 2 季度激励费用=（5×12+30×6）×500=120 000（元）。第 3、4 季度每名工人只需要提高 2% 即可恢复目标效率，第 3、4 季度激励费用=2×（12+6）×500=18 000（元）。

3. 人力资源部预算

综上所述，第 1 年人力资源部预算包括员工薪酬 9 万元和绩效 15.6 万元，共计 24.6 万元。

（四）第 1 年销售计划及预算

根据第 1 年总体销售计划及生产计划，营销总监李俊带领营销团队制订第 1 年销售计划及预算。

1. 广告投放计划

根据第 1 年总体销售计划编制第 1 年广告投放计划，如表 6-15 所示：第 2 季度在国内市场投放 100 000 元促销广告。

表 6-15　HW 公司第 1 年广告投放计划　　　　　　　　单位：元

渠道	第 1 季度	第 2 季度	第 3 季度	第 4 季度
国内市场		100 000		
亚洲市场				
欧洲市场				

2. 订单申报计划

根据第 1 年总体销售计划和生产计划选择订单并编制第 1 年订单申报计划，如表 6-16 所示：选择订单 5 和订单 10，分别申报 276 个 P1T1（畅享系列简约版）和 276 个 P2T1（P 系列简约版），申报价格等于参考价。

（1）第 1 年预估销售额=2 300×276+3 400×276=1 573 200（元）

（2）276 个畅享系列预估产品成本=276×1 000+45 000+55 200=376 200（元）

（3）276 个 P 系列预估产品成本=276×1 500+45 000+55 200=514 200（元）

（4）第 1 年入库产品的预估总成本=376 200+514 200=890 400（元）

表 6-16　HW 公司第 1 年订单申报计划

产品	特性	订单编号	参考价/元	数量/个	交货期/季度	账期/季度	申报数量/个	申报价格/元	市场	认证标准
					第 1 年第 2 季度					
P1	T1	5	2 300	2 500	4	2	276	2 300	国内市场	ISO9000
P2	T1	10	3 400	2 500	4	2	276	3 400	国内市场	ISO9000

3. 订单登记表

根据主生产计划及订单申报计划编制第 1 年订单登记表，填写订单基本信息，如表 6-17 所示：5 号订单 P1T1（畅享系列简约版）产品第 1 年第 3 季度即可入库，实际交货季度为第 1 年第 3 季度，账期为 2 个季度，到账季度为第 2 年第 1 季度；10 号订单 P2T1（P 系列简约版）产品第 1 年第 4 季度入库，实际交货季度为第 1 年第 4 季度，账期为 2 个季度，到账季度为第 2 年第 2 季度。订单交货后系统自动计算产品成本，交货后填写在订单登记表中。

表 6-17 HW 公司第 1 年订单登记表

订单编号	市场	产品	特性	总价/元	数量/个	交货期/季度	账期/季度	认证标准	成本/元	实际交货季度	实际到账季度
5	国内	P1	T1	634 800	276	4	2	ISO9000		第1年第3季度	第2年第1季度
10	国内	P2	T1	938 400	276	4	2	ISO9000		第1年第4季度	第2年第2季度
合计				1 573 200	552						

4. 市场营销部预算

综上所述,第 1 年市场营销部预算包括渠道开拓 2 万元、产品研发 3 万元、ISO 资格认证 2 万元、促销广告 10 万元,共计 17 万元。

(五)第 1 年财务预算及融资计划

财务总监张萌带领财务团队根据第 1 年各部门提报的预算,编制第 1 年财务预算及融资计划。

1. 预估综合费用表(见表 6-18)

表 6-18 HW 公司第 1 年预估综合费用表 单位:元

费用	金额	费用	金额
管理费	6 000	产品设计费	3 000
广告费	100 000	辞退福利	0
产线维修费	0	培训费	0
转产费	30 000	激励费	156 000
市场开拓	20 000	人力费	0
产品资质申请	30 000	碳中和费用	0
ISO 认证申请	20 000	特性研发	40 000
信息费	0	合计	405 000

2. 预估利润表(见表 6-19)

表 6-19 HW 公司第 1 年预估利润表(未融资) 单位:元

收入/费用	金额	收入/费用	金额
销售收入	1 573 200	财务费用	0
直接成本	890 400	营业外收入	0
毛利润	682 800	营业外支出	0
综合管理费用	405 000	营业外收支	0
折旧前利润	277 800	税前利润	277 800
折旧	0	所得税	69 450
支付利息前利润	277 800	净利润	208 350

3. 财务预算及融资计划

HW 公司初始权益资金为 70 万元,汇总各部门提报预算,并填写每季度管理费用 1 500 元、第 1 年的预估所得税 69 450 元(见表 6-19),编制第 1 年财务预算,如表 6-20 所示:第 1 年第 3、4 季度有资金缺口。

表 6-20　HW 公司第 1 年财务预算(未融资）　　　　　　　　　　单位:元

预算项目		第 1 季度	第 2 季度	第 3 季度	第 4 季度	年度合计
财务	季度初资金	700 000	48 500	−565 200	−1 129 900	
	申请长贷					0
	申请短贷					0
	应收款更新					0
	贴现 1Q					0
	贴现 2Q					0
	贴现 3Q					0
	贴现 4Q					0
	贴息	0	0	0	0	0
	长贷利息		0	0	0	0
	短贷利息					0
	归还长期贷款					0
	归还短期贷款					0
	支付应付账款					0
	管理费	1 500	1 500	1 500	1 500	6 000
	财务支出合计	1 500	1 500	1 500	1 500	6 000
人力	人力费			45 000	45 000	90 000
	培训费					0
	激励费		120 000	18 000	18 000	156 000
	辞退福利					0
	人力支出合计	0	120 000	63 000	63 000	246 000
生产	购买原材料		276 000	414 000	414 000	1 104 000
	建线	600 000				600 000
	转产费			30 000		30 000
	加工费		55 200	55 200	55 200	165 600
	产品设计费		1 000	1 000	1 000	3 000
	特性研发		40 000			40 000
	生产支出合计	600 000	372 200	500 200	470 200	1 942 600
营销	市场开拓	10 000	10 000			20 000
	产品资质申请	30 000				30 000
	ISO 认证申请	10 000	10 000			20 000
	促销广告		100 000			100 000
	营销支出合计	50 000	120 000	0	0	170 000

续表

预算项目		第1季度	第2季度	第3季度	第4季度	年度合计
紧急采购支出						0
信息费						0
碳中和费用						0
生产线变卖收入						0
出售库存收入						0
季末资金		48 500	−565 200	−1 129 900	−1 664 600	
季末自动	违约罚款					0
	产线维修费					0
下季度初资金		48 500	−565 200	−1 129 900	−1 664 600	
支付所得税					69 450	69 450
年末资金					−1 734 050	

　　为了减轻归还利息的压力，财务部门根据每个季度的资金缺口制订融资计划，保证资金够用的前提下利息费用最低。同时，考虑到公司建设初期，固定资产建设投入资金较多，且资金回收慢，第1年计划全部使用长期贷款进行融资，预估利润表如表6-21所示。编制第1年财务预算及融资计划，如表6-22所示：第2、3、4季度分别借入570 000元、580 000元、700 000元，支付利息后所得税预估为60 850元（见表6-21），年末预留约90 000元现金。根据财务预算，第1年总共需要从银行借入1 850 000元长期贷款，经与银行协商，公司第1年可以借入银行贷款的上限为2 100 000元（=700 000×3），总体融资计划是可以实现的，但每季度具体融资金额要根据实际经营运作情况进行调整。最后，财务总监认为第1年这套经营运作计划的财务风险在可控范围内，第1年经营计划可以通过。

表6-21　HW公司第1年预估利润表（融资后）　　　　　　　　单位：元

收入/费用	金额	收入/费用	金额
销售收入	1 573 200	财务费用	34 400
直接成本	890 400	营业外收入	0
毛利润	682 800	营业外支出	0
综合管理费用	405 000	营业外收支	0
折旧前利润	277 800	税前利润	243 400
折旧	0	所得税	60 850
支付利息前利润	277 800	净利润	182 550

表6-22　HW公司第1年财务预算及融资计划　　　　　　　　单位：元

预算项目		第1季度	第2季度	第3季度	第4季度	年度合计
财务	季度初资金	700 000	48 500	4 800	8 700	
	申请长贷		570 000	580 000	700 000	1 850 000
	申请短贷					0
	应收款更新					0
	贴现1Q					0

	预算项目	第1季度	第2季度	第3季度	第4季度	年度合计
财务	贴现2Q					0
	贴现3Q					0
	贴现4Q					0
	贴息	0	0	0	0	0
	长贷利息		0	11 400	23 000	34 400
	短贷利息					0
	归还长期贷款					0
	归还短期贷款					0
	支付应付账款					0
	管理费	1 500	1 500	1 500	1 500	6 000
	财务支出合计	1 500	1 500	12 900	24 500	40 400
人力	人力费			45 000	45 000	90 000
	培训费					0
	激励费		120 000	18 000	18 000	156 000
	辞退福利					0
	人力支出合计	0	120 000	63 000	63 000	246 000
生产	购买原材料		276 000	414 000	414 000	1 104 000
	建线	600 000				600 000
	转产费			30 000		30 000
	加工费		55 200	55 200	55 200	165 600
	产品设计费		1 000	1 000	1 000	3 000
	特性研发		40 000			40 000
	生产支出合计	600 000	372 200	500 200	470 200	1 942 600
营销	市场开拓	10 000	10 000			20 000
	产品资质申请	30 000				30 000
	ISO认证申请	10 000	10 000			20 000
	促销广告		100 000			100 000
	营销支出合计	50 000	120 000	0	0	170 000
紧急采购支出						0
信息费						0
碳中和费用						0
生产线变卖收入						0
出售库存收入						0
季末资金		48 500	4 800	8 700	151 000	
季末自动	违约罚款					0
	产线维修费					0
下季度初资金		48 500	4 800	8 700	151 000	
支付所得税					60 850	60 850
年末资金					90 150	

（六）第 1 年 PDCA 计划

1. 人力成本核算

第 1 年第 1 季度招聘工人后，编制人力成本核算，如表 6-23 所示：每季度员工薪酬预算为 45 000 元，现调整为 45 675 元；第 1 季度绩效预算为 120 000 元，现调整为 111 500 元，则第 1 年人力资源部门预算调整为 238 850 元。

表 6-23　HW 公司第 1 年人力成本核算

级别	姓名	薪酬/ （元/月）	初始 效率/%	第 1 季度 绩效/元	第 2 季度 绩效/元	第 3 季度 绩效/元	第 4 季度 绩效/元
初级	王兴廉	480	56		2 000	1 000	1 000
初级	杜鑫梧	480	56		2 000	1 000	1 000
初级	杨设荣	485	56		2 000	1 000	1 000
初级	周菁文	460	53		3 500	1 000	1 000
初级	张如元	495	56		2 000	1 000	1 000
初级	耿虎厚	565	55		2 500	1 000	1 000
初级	阎利炫	420	58		1 000	1 000	1 000
初级	牛行水	470	55		2 500	1 000	1 000
初级	杨菁可	525	60		0	1 000	1 000
初级	胡校立	470	55		2 500	1 000	1 000
初级	段兴荣	545	53		3 500	1 000	1 000
初级	景淞嘉	530	60		0	1 000	1 000
高级	曹欢缨	1 620	71		14 500	1 000	1 000
高级	常效菁	1 530	70		15 000	1 000	1 000
高级	朱如遇	1 530	70		15 000	1 000	1 000
高级	吴宇宣	1 260	72		14 000	1 000	1 000
高级	黄艺界	1 575	71		14 500	1 000	1 000
高级	魏彤律	1 785	70		15 000	1 000	1 000
合计（每季）	—	—	—	—	111 500	18 000	18 000

注：薪酬合计数为所有员工的季度工资合计数，下同。

2. PDCA 计划

根据各部门提报的第 1 年计划编制 PDCA 计划，如表 6-24 所示。

表 6-24　HW 公司第 1 年 PDCA 计划

目标	指标	数值
盈利目标	收入目标/元	1 573 200
运营目标	产线建设/条	6
	产品入库/个	552
	工人招聘/个	18
	市场开拓/个	1
	产品研发/个	2
	贷款额度/元	1 850 000
	广告投放金额/元	100 000

续表

目标	指标	数值
预算目标	生产部门预算/元	1 942 600
	人力部门预算/元	238 850
	营销部门预算/元	170 000

至此，HW 公司第 1 年经营计划已经制作完成，各部门开始第 1 年的平台实操。

（七）第 1 年平台实操

微课 6-3-1　微课 6-3-2　微课 6-3-3　微课 6-3-4　微课 6-3-5

（八）第 1 年财务报表及分析

第 1 年经营结束后，财务总监张萌带领财务团队共同编制第 1 年财务报表，并对财务报表进行财务分析及总结，为下一年的生产经营运作提供决策依据。

1. 综合费用表（见表 6-25）

表 6-25　HW 公司第 1 年综合费用表　　单位：元

费用	金额	费用	金额
管理费	6 000	产品设计费	3 000
广告费	100 000	辞退福利	0
产线维修费	0	培训费	0
转产费	30 000	激励费	147 500
市场开拓	20 000	人力费	0
产品资质申请	30 000	碳中和费用	0
ISO 认证申请	20 000	特性研发	40 000
信息费	0	合计	396 500

2. 利润表（见表 6-26）

表 6-26　HW 公司第 1 年利润表　　单位：元

收入/费用	金额	收入/费用	金额
销售收入	1 573 200	财务费用	34 400
直接成本	891 750	营业外收入	0
毛利润	681 450	营业外支出	0
综合管理费用	396 500	营业外收支	0
折旧前利润	284 950	税前利润	250 550
折旧	0	所得税	62 638
支付利息前利润	284 950	净利润	187 912

3. 资产负债表（见表6-27）

表6-27 HW公司第1年资产负债表   单位：元

资产		负债和所有者权益	
项目	金额	项目	金额
现金	158 150	长期负债	1 850 000
应收款	1 573 200	短期负债	0
在制品	514 875	其他应付款	45 675
产成品	0	应交税费	62 638
原材料	0	负债合计	1 958 313
流动资产合计	2 246 225	股东资本	700 000
机器与设备	600 000	利润留存	0
在建工程	0	年度净利	187 912
固定资产合计	600 000	所有者权益合计	887 912
资产总计	2 846 225	负债和所有者权益合计	2 846 225

4. 现金流量表（见表6-28）

表6-28 HW公司第1年现金流量表   单位：元

	预算项目	第1季度	第2季度	第3季度	第4季度	年度合计
财务	季度初资金	700 000	48 500	13 300	16 525	
	申请长贷		570 000	580 000	700 000	1 850 000
	申请短贷					0
	应收款更新					0
	贴现 1Q					0
	贴现 2Q					0
	贴现 3Q					0
	贴现 4Q					0
	贴息	0	0	0	0	0
	长贷利息		0	11 400	23 000	34 400
	短贷利息					0
	归还长期贷款					0
	归还短期贷款					0
	支付应付账款					0
	管理费	1 500	1 500	1 500	1 500	6 000
	财务支出合计	1 500	1 500	12 900	24 500	40 400
人力	人力费			45 675	45 675	91 350
	培训费					0
	激励费		111 500	18 000	18 000	147 500
	辞退福利					0
	人力支出合计	0	111 500	63 675	63 675	238 850

续表

预算项目		第1季度	第2季度	第3季度	第4季度	年度合计
生产	购买原材料		276 000	414 000	414 000	1 104 000
	建线	600 000				600 000
	转产费			30 000		30 000
	加工费		55 200	55 200	55 200	165 600
	产品设计费		1 000	1 000	1 000	3 000
	特性研发		40 000			40 000
	生产支出合计	600 000	372 200	500 200	470 200	1 942 600
营销	市场开拓	10 000	10 000			20 000
	产品资质申请	30 000				30 000
	ISO认证申请	10 000	10 000			20 000
	促销广告		100 000			100 000
	营销支出合计	50 000	120 000	0	0	170 000
紧急采购支出						0
信息费						0
碳中和费用						0
生产线变卖收入						0
出售库存收入						0
季末资金		48 500	13 300	16 525	158 150	
季末自动	违约罚款					0
	产线维修费					0
下季度初资金		48 500	13 300	16 525	158 150	
支付所得税					62 638	62 638
年末资金					95 512	

5. 财务分析及总结

计算第1年财务分析指标（见表6-29），并撰写财务分析总结。

表6-29　HW公司第1年财务分析指标

项目	指标	数值
偿债能力	流动比率	20.74
	资产负债率	68.80%
	利息保障倍数	8.28
营运能力	应收账款周转率	2.00
	存货周转率	3.46
	固定资产周转率	5.24
	总资产周转率	1.11
盈利能力	营业利润率	15.93%
	净资产收益率	23.67%

续表

项目	指标	数值
发展能力	营业收入增长率	—
	资本保值增值率	—
	总资产增长率	—
	营业利润增长率	—

从第 1 年各项财务分析指标可以看出，因公司处于初创阶段，前期需要大量的投入，市场也需要逐步打开，偿债能力、营运能力和盈利能力都比较弱，计划在第 2 年实现大规模增长。

至此，HW 公司按计划顺利完成第 1 年经营运作，接下来总经理带领各部门总监进入第 2 年的经营运作。

四、第 2 年经营计划及运作

第 1 年经营运作顺利，经各部门总监讨论，第 2 年在保持原有生产规模的前提下，于年末扩建生产线，第 3 年全面扩张生产规模。

（一）第 2 年生产计划及预算

生产总监王潇带领生产团队根据公司 4 年 4P 营销策略及第 2 年总体规划，制订第 2 年的生产计划及预算。

1. 产品设计费用支出计划

根据公司 4 年 4P 营销策略，第 2 年计划生产并销售 P 系列青春版产品，因为第 1 年第 4 季度已经设计过该产品，第 2 年无须进行产品设计。

2. 生产线排程及预算

因第 1 年经营顺利，销售回款后资金充裕，计划新建 6 条全智能线，并在第 3 年投入生产。由于全智能线的建设周期为 2 个季度，于第 2 年第 3 季度开始建设，第 3 年第 1 季度即可投入生产。第 2 年生产线排程及预算如表 6-30 所示：第 2 年第 1、2、3、4 季度 6 条全自动线全部生产P2T2（P 系列青春版）产品；第 2 年第 3 季度新建 6 条全智能线，根据 4P 营销策略，生产 P3（Mate 系列）产品，每条线投入 200 000 元，合计 1 200 000 元。

表 6-30 HW 公司第 2 年生产线排程及预算

生产线	第 1 季度	第 2 季度	第 3 季度	第 4 季度
全自动线	P2T2	P2T2	P2T2	P2T2
全自动线	P2T2	P2T2	P2T2	P2T2
全自动线	P2T2	P2T2	P2T2	P2T2
全自动线	P2T2	P2T2	P2T2	P2T2
全自动线	P2T2	P2T2	P2T2	P2T2
全自动线	P2T2	P2T2	P2T2	P2T2
全智能线			200 000-P3	—
全智能线			200 000-P3	—
全智能线			200 000-P3	

续表

生产线	第1季度	第2季度	第3季度	第4季度
全智能线			200 000-P3	—
全智能线			200 000-P3	—
全智能线			200 000-P3	—
费用合计/元			1 200 000	

3. 主生产计划

根据第2年生产线排程编制第2年主生产计划，如表6-31所示：第1年第4季度生产的276个P2T2（P系列青春版）产品在第2年第1季度入库；第2年第1、2、3、4季度均生产276个该产品，且分别在第2、3、4季度入库。

表6-31 HW公司第2年主生产计划——P系列产品　　　　单位：个

P系列P2		第1季度	第2季度	第3季度	第4季度
简约版T1	生产				
	入库				
	交货				
	库存				
青春版T2	生产	276	276	276	276
	入库	276	276	276	276
	交货				
	库存	276	552	828	1 104
商务版T3	生产				
	入库				
	交货				
	库存				

4. 加工费核算

第2年依然是6条全自动线开展生产，每季度加工费与第1年相同。第2年的加工费核算如表6-32所示。

表6-32 HW公司第2年加工费核算　　　　单位：元

生产线	第1季度	第2季度	第3季度	第4季度	合计
全自动线	9 200	9 200	9 200	9 200	36 800
全自动线	9 200	9 200	9 200	9 200	36 800
全自动线	9 200	9 200	9 200	9 200	36 800
全自动线	9 200	9 200	9 200	9 200	36 800
全自动线	9 200	9 200	9 200	9 200	36 800
全自动线	9 200	9 200	9 200	9 200	36 800
合计	55 200	55 200	55 200	55 200	220 800

5. 物料需求计划

根据主生产计划、各产品原料构成及原料采购周期编制第2年物料需求计划，如表6-33所示。

因第3年开启数智平台，无须提前订购原料，因此第4季度无须订购CPU和主板，第3、4季度无须订购摄像头和屏幕，原料满足第2年主生产计划即可。

表6-33 HW公司第2年物料需求计划

原料		第1季度	第2季度	第3季度	第4季度	合计
R1CPU	订购/个	276	276	276		828
	入库/个	276	276	276	276	1 104
	领用/个					0
	库存/个					0
	付款/元	138 000	138 000	138 000	138 000	552 000
R2 主板	订购/个	276	276	276		828
	入库/个	276	276	276	276	1 104
	领用/个					0
	库存/个					0
	付款/元	138 000	138 000	138 000	138 000	552 000
R3 摄像头	订购/个	276	276			552
	入库/个	276	276	276	276	1 104
	领用/个					0
	库存/个					0
	付款/元	138 000	138 000	138 000	138 000	552 000
R4 屏幕	订购/个					0
	入库/个					0
	领用/个					0
	库存/个					0
	付款/元	0	0	0	0	0
付款金额合计/元		414 000	414 000	414 000	414 000	1 656 000

6. 特性研发计划

为确保第2年顺利拿单，生产总监决定在第1季度抢单前投入50 000元研发青春版特性，青春版特性值增加至51。第2年特性研发计划如表6-34所示。

表6-34 HW公司第2年特性研发计划　　　　　　　　　　单位：元

特性	第1季度	第2季度	第3季度	第4季度
简约版				
青春版	50 000			
商务版				

7. 生产设计部预算

综上所述，第2年生产设计部预算包括生产线建设费120万元、加工费22.08万元、原料采购费165.6万元和特性研发费5万元，共计312.68万元。

（二）第 2 年人力计划及预算

人力总监李琳带领人力团队根据生产计划制订第 2 年人力计划及预算。

1. 人力排程

根据第 2 年生产线排程，6 条全自动线依然按照第 1 年的人员来配置生产，6 条新建的全智能线则需要重新招聘工人。第 2 年人力排程如表 6-35 所示：第 1、2、3、4 季度开工生产，18 名在职工人正常开工；第 4 季度招聘 12 名高级技工，为第 3 年第 1 季度 6 条全智能线开工生产作准备。

表 6-35　HW 公司第 2 年人力排程　　　　　　　　　　　　　　　单位：人

工人选用		第 1 季度	第 2 季度	第 3 季度	第 4 季度
初级工人	招聘人数				
	开工人数	12	12	12	12
	解雇人数				
高级技工	招聘人数				12
	开工人数	6	6	6	6
	解雇人数				

2. 人力成本核算

因第 2 年使用的工人仍为第 1 年在职工人，可直接编制人力成本核算，如表 6-36 所示：每季度薪酬为 45 675 元，第 1、2、3、4 季度绩效均为 18 000 元。

表 6-36　HW 公司第 2 年人力成本核算

级别	姓名	薪酬/（元/月）	初始效率/%	第 1 季度绩效/元	第 2 季度绩效/元	第 3 季度绩效/元	第 4 季度绩效/元
初级	王兴廉	480	56	1 000	1 000	1 000	1 000
初级	杜鑫梧	480	56	1 000	1 000	1 000	1 000
初级	杨设荣	485	56	1 000	1 000	1 000	1 000
初级	周菁文	460	53	1 000	1 000	1 000	1 000
初级	张如元	495	56	1 000	1 000	1 000	1 000
初级	耿虎厚	565	55	1 000	1 000	1 000	1 000
初级	阎利炫	420	58	1 000	1 000	1 000	1 000
初级	牛行水	470	55	1 000	1 000	1 000	1 000
初级	杨菁可	525	60	1 000	1 000	1 000	1 000
初级	胡校立	470	55	1 000	1 000	1 000	1 000
初级	段兴荣	545	53	1 000	1 000	1 000	1 000
初级	景淞嘉	530	60	1 000	1 000	1 000	1 000
高级	曹欢缨	1 620	71	1 000	1 000	1 000	1 000
高级	常效菁	1 530	70	1 000	1 000	1 000	1 000
高级	朱如遇	1 530	70	1 000	1 000	1 000	1 000
高级	吴宇宣	1 260	72	1 000	1 000	1 000	1 000
高级	黄艺界	1 575	71	1 000	1 000	1 000	1 000
高级	魏彤律	1 785	70	1 000	1 000	1 000	1 000
合计（每季）		—	—	18 000	18 000	18 000	18 000

3. 人力成本预算

根据第 2 年人力成本核算编制第 2 年人力成本预算，如表 6-37 所示。

表 6-37　HW 公司第 2 年人力成本预算　　　　　　　　　　　　　　单位：元

人力成本	第 1 季度	第 2 季度	第 3 季度	第 4 季度	合计
员工薪酬	45 675	45 675	45 675	45 675	182 700
绩效（激励或涨薪）	18 000	18 000	18 000	18 000	72 000
培训费					0
辞退费					0

4. 人力资源部预算

综上所述，第 2 年人力资源部预算包括员工薪酬 18.27 万元和绩效 7.2 万元，共计 25.47 万元。

（三）第 2 年销售计划及预算

营销总监李俊带领营销团队展开对第 2 年市场需求的分析，并根据第 2 年生产计划制订第 2 年销售计划及预算。在"经销商订单表"（参见附录）中筛选年份为"2"的订单信息，如表 6-38 所示。

表 6-38　第 2 年经销商订单表

年份	季度	编码	市场	产品	特性	供应商参考价/元	数量/个	交货期/季度	账期/季度	认证标准
2	1	15	国内市场	畅享系列	商务版	2 800	500	2	1	ISO9000
2	1	16	国内市场	畅享系列	青春版	2 600	750	4	2	ISO14000
2	1	17	国内市场	畅享系列	青春版	2 700	1 000	3	1	ISO9000
2	1	18	国内市场	畅享系列	简约版	2 600	1 250	2	2	ISO14000
2	1	19	国内市场	畅享系列	简约版	2 600	2 500	4	2	ISO9000
2	1	20	国内市场	P 系列	商务版	4 100	250	2	1	ISO9000
2	1	21	国内市场	P 系列	青春版	4 000	250	4	2	ISO14000
2	1	22	国内市场	P 系列	青春版	4 000	1 000	4	2	ISO14000
2	1	23	国内市场	P 系列	青春版	4 000	500	4	2	ISO14000
2	1	24	国内市场	P 系列	简约版	3 900	2 500	3	1	ISO9000
2	1	25	亚洲市场	畅享系列	商务版	3 000	500	2	1	ISO9000
2	1	26	亚洲市场	畅享系列	商务版	2 800	1 000	3	2	ISO9000
2	1	27	亚洲市场	畅享系列	青春版	2 800	750	2	1	ISO14000
2	1	28	亚洲市场	畅享系列	青春版	2 700	500	4	2	ISO14000
2	1	29	亚洲市场	畅享系列	青春版	2 500	2 500	4	2	ISO14000
2	1	30	亚洲市场	P 系列	简约版	4 200	500	3	1	ISO14000
2	1	31	亚洲市场	P 系列	青春版	4 200	750	2	1	ISO14000
2	1	32	亚洲市场	P 系列	商务版	4 200	1 250	3	2	ISO9000
2	1	33	亚洲市场	P 系列	商务版	4 100	2 500	2	1	ISO9000
2	1	34	亚洲市场	P 系列	青春版	4 000	1 250	4	2	ISO9000

续表

年份	季度	编码	市场	产品	特性	供应商参考价/元	数量/个	交货期/季度	账期/季度	认证标准
2	1	35	亚洲市场	P 系列	青春版	4 000	500	4	2	ISO14000
2	1	36	亚洲市场	P 系列	简约版	3 700	2 500	4	2	ISO14000
2	2	37	国内市场	畅享系列	简约版	2 600	2 500	4	2	ISO14000
2	2	38	国内市场	P 系列	青春版	3 900	2 500	4	2	ISO14000
2	2	39	亚洲市场	畅享系列	简约版	2 600	2 500	4	2	ISO14000
2	2	40	亚洲市场	P 系列	青春版	3 900	2 500	4	2	ISO14000

1. 总体销售计划

根据第 2 年经销商市场订单信息可知，第 2 年产品总需求为 35 000。经调研，市场上共有 30 家同类企业，平均每家企业可获得约 1 166 个产品订单。根据 HW 公司第 2 年主生产计划，第 2 年可以产出 1 104（即 46×6×4）个 P 系列青春版产品。市场竞争程度适中，加大广告投放力度，第 2 年生产的产品可以全部售出。根据订单分析，计划在亚洲市场申报订单。

2. 广告投放计划

根据第 2 年总体销售计划编制第 2 年广告投放计划，如表 6-39 所示：第 1 季度在亚洲市场投放 200 000 元促销广告。

表6-39　HW 公司第 2 年广告投放计划　　　　　　　　单位：元

市场	第 1 季度	第 2 季度	第 3 季度	第 4 季度
国内市场				
亚洲市场	200 000			
欧洲市场				

3. 订单申报计划

根据第 2 年总体销售计划选择订单并编制第 2 年订单申报计划，如表 6-40 所示：选择订单 31 和订单 34，均申报 552 个 P2T2（P 系列青春版），申报价格等于参考价。

（1）第 2 年预估销售额=4 200×552+4 000×552=4 526 400（元）

（2）276 个 P 系列产品预估成本=276×1 500+45 675+55 200=514 875（元）

（3）第 2 年入库产品的预估总成本=514 875×4=2 059 500（元）

表6-40　HW 公司第 2 年订单申报计划

产品	特性	第 1 季度								
		订单编号	参考价/元	数量/个	交货期/季度	账期/季度	申报数量/个	申报价格/元	市场	认证标准
P2	T2	31	4 200	750	2	1	552	4 200	亚洲市场	ISO14000
P2	T2	34	4 000	1 250	4	2	552	4 000	亚洲市场	ISO9000

4. 订单登记表

根据主生产计划及订单申报计划编制第 2 年订单登记表，填写订单基本信息，如表 6-41 所示：31 号订单 552 个 P2T2 的实际交货季度为第 2 年第 2 季度，账期为 1 个季度，到账季度为第 2 年第 3 季度；34 号订单 552 个 P2T2 的实际交货季度为第 2 年第 4 季度，账期为 2 个季度，到账季度为第 3 年第 2 季度。订单交货后系统自动计算产品成本，交货后填写在订单登记表中。

表 6-41　HW 公司第 2 年订单登记表

订单编号	市场	产品	特性	总价/元	数量/个	交货期/季度	账期/季度	认证标准	成本/元	实际交货季度	实际到账季度
31	亚洲	P2	T2	2 318 400	552	2	1	ISO14000		第 2 年第 2 季度	第 2 年第 3 季度
34	亚洲	P2	T2	2 208 000	552	4	2	ISO9000		第 2 年第 4 季度	第 3 年第 2 季度
合计				4 526 400	1 104						

5. 市场营销部预算

综上所述，第 2 年市场营销部预算包括渠道开拓 3 万元、产品研发 5 万元、ISO 资格认证 2 万元、促销广告 20 万元，合计 30 万元。

（四）第 2 年财务预算及融资计划

财务总监张萌带领财务团队根据第 2 年各部门提报的预算，编制第 2 年财务预算及融资计划（具体编制过程参见第 1 年）。

第 2 年因扩建生产线，资金需求较高，仍然使用长期贷款进行融资。第 2 年财务预算及融资计划如表 6-42 所示。据初步测算，第 2 年预估所得税为 436 575 元，年末预留约 5 万元现金。根据财务预算，第 2 年总共需要从银行借入 360 000 元长期贷款。第 1 年年末所有者权益为 887 912 元（见表 6-27），第 2 年贷款额度为第 1 年年末所有者权益的 3 倍，即 2 663 736 元。第 1 年已贷款额度为 1 850 000 元，第 2 年可贷款余额为 813 736（=2 663 736-1 850 000）元，可以满足第 2 年 360 000 元的贷款需求，每季度的具体融资金额则根据当季度实际贷款余额随时调整。财务总监认为，第 2 年经营计划可以通过。

表 6-42　HW 公司第 2 年财务预算及融资计划　　　　　　　　　　单位：元

	预算项目	第 1 季度	第 2 季度	第 3 季度	第 4 季度	年度合计
财务	季度初资金	95 512	6 937	369 762	912 587	
	申请长贷	210 000	0	0	150 000	360 000
	申请短贷					0
	应收款更新	634 800	938 400	2 318 400		3 891 600
	贴现 1Q					0
	贴现 2Q					0
	贴现 3Q					0
	贴现 4Q					0
	贴息	0	0	0	0	0
	长贷利息	37 000	41 200	41 200	41 200	160 600
	短贷利息	0	0	0	0	0
	归还长期贷款					0
	归还短期贷款	0	0	0	0	0
	支付应付账款					0
	管理费	1 500	1 500	1 500	1 500	6 000
	财务支出合计	38 500	42 700	42 700	42 700	166 600

续表

	预算项目	第1季度	第2季度	第3季度	第4季度	年度合计
人力	人力费	45 675	45 675	45 675	45 675	182 700
	培训费					0
	激励费	18 000	18 000	18 000	18 000	72 000
	辞退福利					0
	人力支出合计	63 675	63 675	63 675	63 675	254 700
生产	购买原材料	414 000	414 000	414 000	414 000	1 656 000
	建线			1 200 000		1 200 000
	转产费					0
	加工费	55 200	55 200	55 200	55 200	220 800
	产品设计费					0
	特性研发	50 000				50 000
	生产支出合计	519 200	469 200	1 669 200	469 200	3 126 800
营销	市场开拓	30 000				30 000
	产品资质申请	50 000				50 000
	ISO认证申请	20 000				20 000
	促销广告	200 000				200 000
	营销支出合计	300 000	0	0	0	300 000
紧急采购支出						0
信息费						0
碳中和费用						0
生产线变卖收入						0
出售库存收入						0
季末资金		18 937	369 762	912 587	487 012	
季末自动	违约罚款					0
	产线维修费	12 000				12 000
下季度初资金		6 937	369 762	912 587	487 012	
支付所得税					436 575	436 575
年末资金					50 437	

（五）第2年PDCA计划

根据各部门提报的第2年计划填写PDCA计划，如表6-43所示。

表6-43　HW公司第2年PDCA计划

类型	指标	数值
盈利目标	收入目标/元	4 526 400
运营目标	产线建设/条	0
	产品入库/个	1 104
	工人招聘/人	0

续表

类型	指标	数值
运营目标	市场开拓/个	1
	产品研发/个	0
	贷款额度/元	360 000
	广告投放金额/元	200 000
预算目标	生产部门预算/元	3 126 800
	人力部门预算/元	254 700
	营销部门预算/元	300 000

至此，HW 公司第 2 年经营计划已经制作完成，下面各部门开始第 2 年的平台实操。

（六）第 2 年平台实操

微课 6-4-1　　微课 6-4-2　　微课 6-4-3　　微课 6-4-4　　微课 6-4-5

（七）第 2 年财务报表及分析

第 2 年经营结束后，财务总监张萌带领财务团队共同编制第 2 年财务报表，并对财务报表进行财务分析及总结，为下一年的生产经营运作提供决策依据。

1. 综合费用表（见表 6-44）

表 6-44　HW 公司第 2 年综合费用表 单位：元

费用	金额	费用	金额
管理费	6 000	产品设计费	0
广告费	200 000	辞退福利	0
产线维修费	12 000	培训费	0
转产费	0	激励费	72 000
市场开拓	30 000	人力费	0
产品资质申请	50 000	碳中和费用	0
ISO 认证申请	20 000	特性研发	50 000
信息费	0	合计	440 000

2. 利润表（见表 6-45）

表 6-45　HW 公司第 2 年利润表 单位：元

收入/费用	金额	收入/费用	金额
销售收入	4 526 400	财务费用	160 600
直接成本	2 059 500	营业外收入	0
毛利润	2 466 900	营业外支出	0
综合管理费用	440 000	营业外收支	0
折旧前利润	2 026 900	税前利润	1 746 300
折旧	120 000	所得税	436 575
支付利息前利润	1 906 900	净利润	1 309 725

3. 资产负债表（见表 6-46）

表 6-46　HW 公司第 2 年资产负债表　　　　　　　　　单位：元

资产		负债和所有者权益	
项目	金额	项目	金额
现金	487 012	长期负债	2 210 000
应收款	2 208 000	短期负债	0
在制品	514 875	其他应付款	45 675
产成品	0	应交税费	436 575
原材料	0	负债合计	2 692 250
流动资产合计	3 209 887	股东资本	700 000
机器与设备	480 000	利润留存	187 912
在建工程	1 200 000	年度净利	1 309 725
固定资产合计	1 680 000	所有者权益合计	2 197 637
资产总计	4 889 887	负债和所有者权益合计	4 889 887

4. 现金流量表

第 2 年现金流量表同财务预算及融资计划（见表 6-42）。

5. 财务分析及总结

计算第 2 年财务分析指标（见表 6-47），并撰写财务分析总结。

表 6-47　HW 公司第 2 年财务分析指标

项目	指标	数值
偿债能力	流动比率	6.66
	资产负债率	55.06%
	利息保障倍数	11.87
营运能力	应收账款周转率	2.39
	存货周转率	4.00
	固定资产周转率	3.97
	总资产周转率	1.17
盈利能力	营业利润率	38.58%
	净资产收益率	84.89%
发展能力	营业收入增长率	187.72%
	资本保值增值率	247.51%
	总资产增长率	71.80%
	营业利润增长率	596.99%

从第 2 年各项财务分析指标可以看出，第 2 年盈利能力较第 1 年有大幅提升，偿债能力和营运能力也有提升。由于第 2 年迅速扩张生产规模，固定资产周转率有所下降，但为第 3 年扩大经营规模蓄能。计划在第 3 年进一步发展壮大，实现更多盈利。

至此，HW 公司按计划顺利完成第 2 年经营运作，接下来总经理带领各部门总监进入第 3 年的经营运作。

五、第 3 年经营计划及运作

（一）第 3 年生产计划及预算

生产总监王潇带领生产团队根据公司现有产能和 4 年 4P 营销策略，制订第 3 年的生产计划及预算。

1. 碳排放测算

进入第 3 年，公司发展会受到碳排放的限制，HW 公司在第 3 年的碳排放限额为 10 000 t。根据公司第 3 年生产线建设及 4 年 4P 营销策略，第 3 年共有 6 条全自动线和 6 条全智能线全部生产 Mate 系列商务版产品。为最大化开发全智能线产能，计划配置效率为 100% 的高级技工，那么 1 条全智能线的实际产量=30×（1+100%×2）=90（个）。依据产品和生产线的碳排放规则，1 个 Mate 系列产品的碳排放为 2 t，1 条全自动线的碳排放为 40 t，1 条全智能线的碳排放为 20 t，测算碳排放如下：

（1）1 条全自动线生产 Mate 系列产品的碳排放量=46×2+40=132（t）

（2）1 条全智能线生产 Mate 系列产品的碳排放量=90×2+20=200（t）

（3）12 条生产线 4 个季度的总碳排放量=（132×6+200×6）×4=7 968（t）

第 3 年 12 条生产线全部生产 Mate 系列产品的总碳排放量 7 968 t 小于第 3 年的碳排放限额 10 000 t，因此第 3 年生产线全部生产 Mate 系列产品是可行的。

2. 产品设计计划

根据以上分析，编制产品设计计划，如表 6-48 所示：第 3 年第 1 季度花费 2 000 元设计 Mate 系列商务版产品。

表 6-48　HW 公司第 3 年产品设计计划　　　　　　单位：元

产品+特性		第 1 季度	第 2 季度	第 3 季度	第 4 季度
畅享系列	简约版				
	青春版				
	商务版				
P 系列	简约版				
	青春版				
	商务版				
Mate 系列	简约版				
	青春版				
	商务版	2 000			

3. 生产线排程及预算

第 3 年无扩建生产线计划，生产线排程及预算如表 6-49 所示：第 3 年第 1、2、3、4 季度 12 条生产线全部生产 P3T3（Mate 系列商务版）产品。

表 6-49　HW 公司第 3 年生产线排程及预算

生产线	第 1 季度	第 2 季度	第 3 季度	第 4 季度
全自动线	P3T3	P3T3	P3T3	P3T3
全自动线	P3T3	P3T3	P3T3	P3T3
全自动线	P3T3	P3T3	P3T3	P3T3
全自动线	P3T3	P3T3	P3T3	P3T3
全自动线	P3T3	P3T3	P3T3	P3T3
全自动线	P3T3	P3T3	P3T3	P3T3
全智能线	P3T3	P3T3	P3T3	P3T3
全智能线	P3T3	P3T3	P3T3	P3T3
全智能线	P3T3	P3T3	P3T3	P3T3
全智能线	P3T3	P3T3	P3T3	P3T3
全智能线	P3T3	P3T3	P3T3	P3T3
全智能线	P3T3	P3T3	P3T3	P3T3
费用合计				

4. 主生产计划

根据第 3 年生产线排程编制第 3 年主生产计划，如表 6-50 和表 6-51 所示：第 2 年第 4 季度生产的 276 个 P2T2（P 系列青春版）产品在第 3 年第 1 季度入库；第 3 年第 1、2、3、4 季度均生产 816 个 P3T3（Mate 系列商务版）产品，且分别在第 3 年第 2、3、4 季度和第 4 年第 1 季度入库。

表 6-50　HW 公司第 3 年主生产计划——P 系列产品　　　　　　　　单位：个

P 系列 P2		第 1 季度	第 2 季度	第 3 季度	第 4 季度
简约版 T1	生产				
	入库				
	交货				
	库存				
青春版 T2	生产				
	入库	276			
	交货				
	库存	276			

续表

P 系列 P2		第 1 季度	第 2 季度	第 3 季度	第 4 季度
商务版 T3	生产				
	入库				
	交货				
	库存				

表 6-51　HW 公司第 3 年主生产计划——Mate 系列产品　　　单位：个

Mate 系列 P3		第 1 季度	第 2 季度	第 3 季度	第 4 季度
简约版 T1	生产				
	入库				
	交货				
	库存				
青春版 T2	生产				
	入库				
	交货				
	库存				
商务版 T3	生产	816	816	816	816
	入库		816	816	816
	交货				
	库存		816	1 632	2 448

5. 加工费核算

第 3 年 6 条全自动线和 6 条全智能线开展生产，全自动线的加工费不变，1 条全智能线需要 2 名高级技工，每季度加工费=90×100×2=18 000（元）。第 3 年的加工费核算如表 6-52 所示。

表 6-52　HW 公司第 3 年加工费核算　　　单位：元

生产线	第 1 季度	第 2 季度	第 3 季度	第 4 季度	合计
全自动线	9 200	9 200	9 200	9 200	36 800
全自动线	9 200	9 200	9 200	9 200	36 800
全自动线	9 200	9 200	9 200	9 200	36 800
全自动线	9 200	9 200	9 200	9 200	36 800
全自动线	9 200	9 200	9 200	9 200	36 800
全自动线	9 200	9 200	9 200	9 200	36 800
全智能线	18 000	18 000	18 000	18 000	72 000

生产线	第1季度	第2季度	第3季度	第4季度	合计
全智能线	18 000	18 000	18 000	18 000	72 000
全智能线	18 000	18 000	18 000	18 000	72 000
全智能线	18 000	18 000	18 000	18 000	72 000
全智能线	18 000	18 000	18 000	18 000	72 000
全智能线	18 000	18 000	18 000	18 000	72 000
合计	163 200	163 200	163 200	163 200	652 800

6. 物料需求计划

因第3年开启智能生产，无须提前订购原料。根据主生产计划、Mate系列产品原料构成编制第3年物料需求计划，如表6-53所示。

表6-53　HW公司第3年物料需求计划

原料		第1季度	第2季度	第3季度	第4季度	合计
R1CPU	订购/个					0
	入库/个	1 632	1 632	1 632	1 632	6 528
	领用/个					0
	库存/个					0
	付款/元	816 000	816 000	816 000	816 000	3 264 000
R2 主板	订购/个					0
	入库/个	816	816	816	816	3 264
	领用/个					0
	库存/个					0
	付款/元	408 000	408 000	408 000	408 000	1 632 000
R3 摄像头	订购/个					0
	入库/个	816	816	816	816	3 264
	领用/个					0
	库存/个					0
	付款/元	408 000	408 000	408 000	408 000	1 632 000
R4 屏幕	订购/个					0
	入库/个	816	816	816	816	3 264
	领用/个					0
	库存/个					0
	付款/元	408 000	408 000	408 000	408 000	1 632 000
付款金额合计/元		2 040 000	2 040 000	2 040 000	2 040 000	8 160 000

7. 特性研发计划

为确保第 3 年顺利拿单，生产总监决定在第 1 季度抢单前投入 60 000 元研发商务版特性，商务版特性值增加至 51。第 3 年特性研发计划如表 6-54 所示。

表 6-54 HW 公司第 3 年特性研发计划 单位：元

特性	第 1 季度	第 2 季度	第 3 季度	第 4 季度
简约版				
青春版				
商务版	60 000			

8. 碳中和

第 3 年第 4 季度末中和 7 968 t 碳排放，碳中和费用=7 968×5=39 840（元）。

9. 生产设计部预算

综上所述，第 3 年生产设计部预算包括产品设计费 0.2 万元、加工费 65.28 万元、原料采购费 816 万元和特性研发费 6 万元，共计 887.48 万元。

（二）第 3 年人力计划及预算

人力总监李琳带领人力团队根据生产计划制订第 3 年人力计划及预算。

1. 人力排程

第 2 年第 4 季度招聘的 12 名高级技工于第 3 年第 1 季度到岗，根据第 3 年生产线排程，为全自动线及全智能线配置工人。第 3 年人力排程如表 6-55 所示：第 3 年第 1、2、3、4 季度 30 名工人开工生产。

表 6-55 HW 公司第 3 年人力排程 单位：人

工人选用		第 1 季度	第 2 季度	第 3 季度	第 4 季度
初级工人	招聘人数				
	开工人数	12	12	12	12
	解雇人数				
高级技工	招聘人数				
	开工人数	18	18	18	18
	解雇人数				

2. 人力成本核算

因第 3 年第 1 季度 12 名新招聘的高级技工已经到岗，薪酬及激励预算均按实际金额计算，人力成本核算如表 6-56 所示。

表 6-56 HW 公司第 3 年人力成本核算

级别	姓名	薪酬/ （元/月）	初始 效率/%	第 1 季度 绩效/元	第 2 季度 绩效/元	第 3 季度 绩效/元	第 4 季度 绩效/元
初级	王兴廉	480	56	1 000	1 000	1 000	1 000
初级	杜鑫梧	480	56	1 000	1 000	1 000	1 000
初级	杨设荣	485	56	1 000	1 000	1 000	1 000

级别	姓名	薪酬/ （元/月）	初始 效率/%	第1季度 绩效/元	第2季度 绩效/元	第3季度 绩效/元	第4季度 绩效/元
初级	周菁文	460	53	1 000	1 000	1 000	1 000
初级	张如元	495	56	1 000	1 000	1 000	1 000
初级	耿虎厚	565	55	1 000	1 000	1 000	1 000
初级	阎利炫	420	58	1 000	1 000	1 000	1 000
初级	牛行水	470	55	1 000	1 000	1 000	1 000
初级	杨菁可	525	60	1 000	1 000	1 000	1 000
初级	胡校立	470	55	1 000	1 000	1 000	1 000
初级	段兴荣	545	53	1 000	1 000	1 000	1 000
初级	景淞嘉	530	60	1 000	1 000	1 000	1 000
高级	曹欢缨	1 620	71	1 000	1 000	1 000	1 000
高级	常效菁	1 530	70	1 000	1 000	1 000	1 000
高级	朱如遇	1 530	70	1 000	1 000	1 000	1 000
高级	吴宇宣	1 260	72	1 000	1 000	1 000	1 000
高级	黄艺界	1 575	71	1 000	1 000	1 000	1 000
高级	魏彤律	1 785	70	1 000	1 000	1 000	1 000
高级	程璇遇	1 470	68	16 000	1 000	1 000	1 000
高级	黄奇如	1 545	70	15 000	1 000	1 000	1 000
高级	张炬商	1 755	68	16 000	1 000	1 000	1 000
高级	陈礼宁	1 500	69	15 500	1 000	1 000	1 000
高级	刘军亚	1 215	71	14 500	1 000	1 000	1 000
高级	徐璇菁	1 470	68	16 000	1 000	1 000	1 000
高级	董协耕	1 260	70	15 000	1 000	1 000	1 000
高级	张陵兴	1 440	66	17 000	1 000	1 000	1 000
高级	梁念念	1 440	66	17 000	1 000	1 000	1 000
高级	杨屏西	1 515	67	16 500	1 000	1 000	1 000
高级	周毅虹	1 695	65	17 500	1 000	1 000	1 000
高级	金双宁	1 695	65	17 500	1 000	1 000	1 000
合计（每季）	—	—	—	211 500	30 000	30 000	30 000

3. 人力成本预算

第3年第1季度发放的薪酬为第2年第4季度在职工人的薪酬45 675元，根据第3年人力成本核算编制第3年人力成本预算，如表6-57所示。

表6-57　HW公司第3年人力成本预算　　单位：元

人力成本	第1季度	第2季度	第3季度	第4季度	合计
员工薪酬	45 675	99 675	99 675	99 675	344 700
绩效（激励或涨薪）	211 500	30 000	30 000	30 000	301 500
培训费					0
辞退费					0

4．人力资源部预算

综上所述，第3年人力资源部预算包括员工薪酬34.47万元和绩效30.15万元，合计64.62万元。

（三）第3年销售计划及预算

营销总监李俊带领营销团队展开对第3年市场需求的分析，并根据第3年生产计划制订第3年销售计划及预算。在"经销商订单表"（参见附录）中筛选年份为"3"的订单信息，结果如表6-58所示。

表6-58　第3年经销商订单表

年份	季度	编码	市场	产品	特性	供应商参考价/元	数量/个	交货期/季度	账期/季度	认证标准
3	1	41	国内市场	畅享系列	商务版	2 500	250	4	1	ISO9000
3	1	42	国内市场	畅享系列	简约版	2 400	500	3	2	ISO14000
3	1	43	国内市场	畅享系列	简约版	2 400	1 000	2	1	ISO26000
3	1	44	国内市场	畅享系列	简约版	2 400	250	3	2	ISO14000
3	1	45	国内市场	畅享系列	简约版	2 300	2 500	2	2	ISO14000
3	1	46	国内市场	P系列	商务版	3 400	250	2	1	ISO26000
3	1	47	国内市场	P系列	青春版	3 500	1 000	4	2	ISO14000
3	1	48	国内市场	P系列	青春版	3 500	500	4	2	ISO14000
3	1	49	国内市场	P系列	简约版	3 400	2 500	3	1	ISO26000
3	1	50	国内市场	Mate系列	简约版	5 600	5 000	2	2	ISO26000
3	1	51	国内市场	Mate系列	青春版	5 600	5 000	4	2	ISO14000
3	1	52	国内市场	Mate系列	青春版	5 700	1 500	4	2	ISO14000
3	1	53	国内市场	Mate系列	商务版	5 600	5 000	4	2	ISO14000
3	1	54	国内市场	Mate系列	商务版	5 700	1 500	3	1	ISO26000
3	1	55	亚洲市场	畅享系列	商务版	2 400	1 000	3	2	ISO26000
3	1	56	亚洲市场	畅享系列	青春版	2 400	750	4	2	ISO14000
3	1	57	亚洲市场	畅享系列	青春版	2 300	1 000	4	2	ISO14000
3	1	58	亚洲市场	畅享系列	青春版	2 000	5 000	4	2	ISO14000
3	1	59	亚洲市场	P系列	简约版	3 700	1 000	3	1	ISO26000
3	1	60	亚洲市场	P系列	商务版	3 700	2 500	4	2	ISO14000
3	1	61	亚洲市场	P系列	商务版	3 600	5 000	2	1	ISO14000
3	1	62	亚洲市场	P系列	青春版	3 500	2 500	4	2	ISO14000
3	1	63	亚洲市场	P系列	青春版	3 500	1 000	4	2	ISO26000
3	1	64	亚洲市场	P系列	简约版	3 300	5 000	4	2	ISO26000
3	1	65	亚洲市场	Mate系列	简约版	5 700	2 500	2	2	ISO14000
3	1	66	亚洲市场	Mate系列	青春版	5 700	2 500	4	1	ISO14000
3	1	67	亚洲市场	Mate系列	商务版	5 800	1 000	3	2	ISO26000
3	1	68	亚洲市场	Mate系列	商务版	5 900	1 000	3	2	ISO26000

年份	季度	编码	市场	产品	特性	供应商参考价/元	数量/个	交货期/季度	账期/季度	认证标准
3	1	69	欧洲市场	P系列	简约版	3 800	1 000	3	1	ISO26000
3	1	70	欧洲市场	P系列	商务版	3 800	2 500	3	2	ISO14000
3	1	71	欧洲市场	P系列	商务版	3 700	5 000	2	1	ISO14000
3	1	72	欧洲市场	P系列	青春版	3 600	2 500	4	2	ISO14000
3	1	73	欧洲市场	P系列	青春版	3 600	1 000	4	2	ISO26000
3	1	74	欧洲市场	P系列	简约版	3 400	5 000	4	2	ISO26000
3	1	75	欧洲市场	Mate系列	简约版	5 900	2 500	2	2	ISO14000
3	1	76	欧洲市场	Mate系列	青春版	5 900	2 500	4	1	ISO14000
3	1	77	欧洲市场	Mate系列	商务版	6 100	1 000	3	2	ISO26000
3	1	78	欧洲市场	Mate系列	商务版	6 100	1 000	3	2	ISO26000
3	2	79	国内市场	畅享系列	商务版	2 200	2 500	4	2	ISO26000
3	2	80	国内市场	P系列	商务版	3 300	2 500	4	2	ISO26000
3	2	81	亚洲市场	P系列	商务版	3 300	2 500	2	2	ISO14000
3	2	82	亚洲市场	Mate系列	商务版	5 100	2 500	4	1	ISO14000
3	2	83	欧洲市场	畅享系列	商务版	2 300	2 500	3	2	ISO26000
3	2	84	欧洲市场	Mate系列	商务版	5 200	2 500	3	2	ISO26000

1. 总体销售计划

根据第3年经销商市场订单信息可知，第3年产品总需求为97 500。经调研，市场上共有25家同类企业，各企业平均可以获得3 900个产品订单。根据公司主生产计划，第3年总产量为2 724，竞争适中。为选到更优的订单，加大广告投放力度，产品可以全部售出。根据订单分析，计划在国内市场申报订单。

2. 广告投放计划

根据第3年总体销售计划编制第3年广告投放计划，如表6-59所示：第1季度在国内市场投放300 000元促销广告。

表6-59　HW公司第3年广告投放计划 单位：元

市场	第1季度	第2季度	第3季度	第4季度
国内市场	300 000			
亚洲市场				
欧洲市场				

3. 订单申报计划

根据第3年总体销售计划选择订单并编制第3年订单申报计划，如表6-60所示：选择47号、54号和53号订单，分别申报276个P2T2（P系列青春版）、816个P3T3（Mate系列商务版）和1 632个P3T3（Mate系列商务版），申报价格等于参考价。

（1）第3年预估销售额=276×3 500+816×5 700+1 632×5 600=14 756 400（元）

（2）276 个 P 系列产品预估成本=276×1 500+45 675+55 200=514 875（元）

（3）816 个 Mate 系列产品预估成本=816×2 500+99 675+163 200=2 302 875（元）

（4）1 632 个 Mate 系列产品预估成本=（816×2 500+99 675+163 200）×2=4 605 750（元）

（5）第 3 年入库产品的预估总成本=514 875+2 302 875×3=7 423 500（元）

表6-60　HW 公司第 3 年订单申报计划

产品	特性	第3年第1季度									
		订单编号	参考价/元	数量/个	交货期/季度	账期/季度	申报数量/个	申报价格/元	市场	认证标准
P2	T2	47	3 500	1 000	4	2	276	3 500	国内市场	ISO14000
P3	T3	54	5 700	1 500	3	1	816	5 700	国内市场	ISO26000
P3	T3	53	5 600	5 000	4	2	1 632	5 600	国内市场	ISO14000

4. 订单登记表

根据主生产计划及订单申报计划编制第 3 年订单登记表，如表 6-61 所示：47 号订单实际交货季度为第 3 年第 1 季度，账期为 2 个季度，到账季度为第 3 年第 3 季度；54 号订单实际交货季度为第 3 年第 2 季度，账期为 1 个季度，到账季度为第 3 年第 3 季度；53 号订单实际交货季度为第 3 年第 4 季度，账期为 2 个季度，到账季度为第 4 年第 2 季度。订单交货后系统自动计算产品成本，交货后填写在订单登记表中。

表6-61　第 3 年订单登记表

订单编号	市场	产品	特性	总价/元	数量/个	交货期/季度	账期/季度	认证标准	成本/元	实际交货季度	实际到账季度
47	国内	P2	T2	966 000	276	4	2	ISO14000		第3年第1季度	第3年第3季度
54	国内	P3	T3	4 651 200	816	3	1	ISO26000		第3年第2季度	第3年第3季度
53	国内	P3	T3	9 139 200	1 632	4	2	ISO14000		第3年第4季度	第4年第2季度
合计				14 756 400	2 724						

5. 市场营销部预算

综上所述，第 3 年市场营销部预算只有促销广告 30 万元。

（四）第 3 年财务预算及融资计划

财务总监张萌带领财务团队根据第 3 年各部门提报的预算，编制第 3 年财务预算及融资计划（具体编制过程参见第 1 年）。

第 2 年年末所有者权益为 2 197 637 元（见表 6-46），第 3 年贷款额度为第 2 年所有者权益的 3 倍，即 6 592 911 元。第 3 年财务预算及融资计划如表 6-62 所示。第 1 年的长期贷款 1 850 000 元在第 3 年陆续归还，第 3 年收回应收账款共 7 825 200 元，支付生产线维修费共计 42 000 元，支付碳中和费用 39 840 元，第 3 年预估所得税为 1 536 540 元，年末预留约 80 000 元现金，那么第 3 年的预计资金缺口为 5 850 000 元。第 2 年已贷款额度为 360 000 元，那么第 3 年的可贷款总额为 6 232 511（即 6 592 911-360 000）元，且有 7 825 200 元的应收账款，可以满足第 3 年 5 850 000 元的贷款总需求，但每季度的具体融资金额则根据当季度实际贷款余额随时调整。财务总监认为，第 3 年经营计划可以通过。

表 6-62　HW 公司第 3 年财务预算及融资计划　　　　　　　　　　单位：元

预算项目		第 1 季度	第 2 季度	第 3 季度	第 4 季度	年度合计
财务	季度初资金	50 437	20 362	22 787	2 619 812	
	申请长贷	2 850 000	800 000		2 200 000	5 850 000
	申请短贷					0
	应收款更新		2 208 000	5 617 200		7 825 200
	贴现 1Q					0
	贴现 2Q					0
	贴现 3Q					0
	贴现 4Q					0
	贴息	0	0	0	0	0
	长贷利息	44 200	101 200	105 800	94 200	345 400
	短贷利息					0
	归还长期贷款	0	570 000	580 000	700 000	1 850 000
	归还短期贷款					0
	支付应付账款					0
	管理费	1 500	1 500	1 500	1 500	6 000
	财务支出合计	45 700	672 700	687 300	795 700	2 201 400
人力	人力费	45 675	99 675	99 675	99 675	344 700
	培训费					0
	激励费	211 500	30 000	30 000	30 000	301 500
	辞退福利					0
	人力支出合计	257 175	129 675	129 675	129 675	646 200
生产	购买原材料	2 040 000	2 040 000	2 040 000	2 040 000	8 160 000
	建线					0
	转产费					0
	加工费	163 200	163 200	163 200	163 200	652 800
	产品设计费	2 000				2 000
	特性研发	60 000				60 000
	生产支出合计	2 265 200	2 203 200	2 203 200	2 203 200	8 874 800
营销	市场开拓					0
	产品资质申请					0
	ISO 认证申请					0
	促销广告	300 000				300 000
	营销支出合计	300 000	0	0	0	300 000

续表

	预算项目	第1季度	第2季度	第3季度	第4季度	年度合计
	紧急采购支出					0
	信息费					0
	碳中和费用				39 840	39 840
	生产线变卖收入					0
	出售库存收入					0
	季末资金	32 362	22 787	2 619 812	1 651 397	
季末自动	违约罚款					0
	产线维修费	12 000			30 000	42 000
	下季度初资金	20 362	22 787	2 619 812	1 621 397	
	支付所得税				1 536 540	1 536 540
	年末资金				84 857	

至此，HW公司第3年经营计划已经制作完成，下面各部门开始第3年的平台实操。

（五）第3年平台实操

微课6-5-1　　微课6-5-2　　微课6-5-3　　微课6-5-4　　微课6-5-5

（六）第3年财务报表及分析

第3年经营结束后，财务总监张萌带领财务团队共同编制第3年财务报表，并对财务报表进行财务分析及总结。

1. 综合费用表（见表6-63）

表6-63　HW公司第3年综合费用表　　　　　　单位：元

费用	金额	费用	金额
管理费	6 000	产品设计费	2 000
广告费	300 000	辞退福利	0
产线维修费	12 000	培训费	0
转产费	0	激励费	301 500
市场开拓	0	人力费	0
产品资质申请	0	碳中和费用	39 840
ISO认证申请	0	特性研发	60 000
信息费	0	合计	721 340

2. 利润表（见表6-64）

表6-64　HW公司第3年利润表　　　　　　　　　　　　单位：元

收入/费用	金额	收入/费用	金额
销售收入	14 756 400	财务费用	345 400
直接成本	7 423 500	营业外收入	0
毛利润	7 332 900	营业外支出	0
综合管理费用	721 340	营业外收支	0
折旧前利润	6 611 560	税前利润	6 146 160
折旧	120 000	所得税	1 536 540
支付利息前利润	6 491 560	净利润	4 609 620

3. 资产负债表（见表6-65）

表6-65　HW公司第3年资产负债表　　　　　　　　　　单位：元

资产		负债和所有者权益	
项目	金额	项目	金额
现金	1 651 397	长期负债	6 210 000
应收款	9 139 200	短期负债	0
在制品	2 302 875	其他应付款	99 675
产成品	0	应交税费	1 536 540
原材料	0	负债合计	7 846 215
流动资产合计	13 093 472	股东资本	700 000
机器与设备	1 560 000	利润留存	1 497 637
在建工程	0	年度净利	4 609 620
固定资产合计	1 560 000	所有者权益合计	6 807 257
资产总计	14 653 472	负债和所有者权益合计	14 653 472

4. 现金流量表

第3年现金流量表同财务预算及融资计划（见表6-62）。

5. 财务分析及总结

计算第3年财务分析指标（见表6-66），并撰写财务分析总结。

表6-66　HW公司第3年财务分析指标

项目	指标	数值
偿债能力	流动比率	8.00
	资产负债率	53.55%
	利息保障倍数	18.79

续表

项目	指标	数值
营运能力	应收账款周转率	2.60
	存货周转率	5.27
	固定资产周转率	9.11
	总资产周转率	1.51
盈利能力	营业利润率	41.65%
	净资产收益率	102.38%
发展能力	营业收入增长率	226.01%
	资本保值增值率	309.75%
	总资产增长率	199.67%
	营业利润增长率	251.95%

　　从第 3 年各项财务分析指标可以看出，第 3 年公司的偿债能力、营运能力和盈利能力较第 2 年均有提升，发展劲头强，营业收入、营业利润、资本和总资产都实现了大幅提升。总体而言，公司这 3 年呈现规模不断扩大、经营能力不断提升的趋势。

　　至此，HW 公司按计划顺利完成第 3 年经营运作。

手机案例数据

一、经销商订单表

年份	季度	编码	市场	产品	特性	供应商参考价/元	数量/个	交货期/季度	账期/季度	认证标准
1	2	1	国内市场	畅享系列	商务版	2 500	2 500	4	1	ISO9000
1	2	2	国内市场	畅享系列	简约版	2 400	500	4	2	ISO9000
1	2	3	国内市场	畅享系列	简约版	2 400	1 000	3	1	ISO9000
1	2	4	国内市场	畅享系列	简约版	2 400	250	4	2	ISO9000
1	2	5	国内市场	畅享系列	简约版	2 300	2 500	4	2	ISO9000
1	2	6	国内市场	P系列	商务版	3 600	250	4	1	ISO9000
1	2	7	国内市场	P系列	青春版	3 500	250	3	1	ISO9000
1	2	8	国内市场	P系列	青春版	3 500	1 000	4	2	ISO9000
1	2	9	国内市场	P系列	青春版	3 500	500	4	2	ISO9000
1	2	10	国内市场	P系列	简约版	3 400	2 500	4	2	ISO9000
1	3	11	国内市场	畅享系列	简约版	2 200	2 500	4	2	ISO9000
1	3	12	国内市场	畅享系列	青春版	2 200	2 500	4	2	ISO9000
1	3	13	国内市场	P系列	简约版	3 300	2 500	4	2	ISO9000
1	3	14	国内市场	P系列	青春版	3 300	2 500	4	2	ISO9000
2	1	15	国内市场	畅享系列	商务版	2 800	500	2	1	ISO9000
2	1	16	国内市场	畅享系列	青春版	2 600	750	4	2	ISO14000
2	1	17	国内市场	畅享系列	青春版	2 700	1 000	3	1	ISO9000
2	1	18	国内市场	畅享系列	简约版	2 600	1 250	2	2	ISO14000
2	1	19	国内市场	畅享系列	简约版	2 600	2 500	4	2	ISO9000
2	1	20	国内市场	P系列	商务版	4 100	250	2	1	ISO9000
2	1	21	国内市场	P系列	青春版	4 000	250	4	2	ISO14000
2	1	22	国内市场	P系列	青春版	4 000	1 000	4	2	ISO14000
2	1	23	国内市场	P系列	青春版	4 000	500	4	2	ISO14000
2	1	24	国内市场	P系列	简约版	3 900	2 500	3	1	ISO9000
2	1	25	亚洲市场	畅享系列	商务版	3 000	500	2	1	ISO9000
2	1	26	亚洲市场	畅享系列	商务版	2 800	1 000	3	2	ISO9000
2	1	27	亚洲市场	畅享系列	青春版	2 800	750	2	1	ISO14000
2	1	28	亚洲市场	畅享系列	青春版	2 700	500	4	2	ISO14000

年份	季度	编码	市场	产品	特性	供应商参考价/元	数量/个	交货期/季度	账期/季度	认证标准
2	1	29	亚洲市场	畅享系列	青春版	2 500	2 500	4	2	ISO14000
2	1	30	亚洲市场	P系列	简约版	4 200	500	3	1	ISO14000
2	1	31	亚洲市场	P系列	青春版	4 200	750	2	1	ISO14000
2	1	32	亚洲市场	P系列	商务版	4 200	1 250	3	2	ISO9000
2	1	33	亚洲市场	P系列	商务版	4 100	2 500	2	1	ISO9000
2	1	34	亚洲市场	P系列	青春版	4 000	1 250	4	2	ISO9000
2	1	35	亚洲市场	P系列	青春版	4 000	500	4	2	ISO14000
2	1	36	亚洲市场	P系列	简约版	3 700	2 500	4	2	ISO14000
2	2	37	国内市场	畅享系列	简约版	2 600	2 500	4	2	ISO14000
2	2	38	国内市场	P系列	青春版	3 900	2 500	4	2	ISO14000
2	2	39	亚洲市场	畅享系列	简约版	2 600	2 500	4	2	ISO14000
2	2	40	亚洲市场	P系列	青春版	3 900	2 500	4	2	ISO14000
3	1	41	国内市场	畅享系列	商务版	2 500	250	4	1	ISO9000
3	1	42	国内市场	畅享系列	简约版	2 400	500	3	2	ISO14000
3	1	43	国内市场	畅享系列	简约版	2 400	1 000	2	1	ISO26000
3	1	44	国内市场	畅享系列	简约版	2 400	250	3	2	ISO14000
3	1	45	国内市场	畅享系列	简约版	2 300	2 500	2	2	ISO14000
3	1	46	国内市场	P系列	商务版	3 400	250	2	1	ISO26000
3	1	47	国内市场	P系列	青春版	3 500	1 000	4	2	ISO14000
3	1	48	国内市场	P系列	青春版	3 500	500	4	2	ISO14000
3	1	49	国内市场	P系列	简约版	3 400	2 500	3	1	ISO26000
3	1	50	国内市场	Mate系列	简约版	5 600	5 000	2	1	ISO26000
3	1	51	国内市场	Mate系列	青春版	5 600	5 000	4	2	ISO14000
3	1	52	国内市场	Mate系列	青春版	5 700	1 500	4	2	ISO14000
3	1	53	国内市场	Mate系列	商务版	5 600	5 000	4	2	ISO14000
3	1	54	国内市场	Mate系列	商务版	5 700	1 500	3	1	ISO26000
3	1	55	亚洲市场	畅享系列	商务版	2 400	1 000	3	2	ISO26000
3	1	56	亚洲市场	畅享系列	青春版	2 400	750	2	1	ISO14000
3	1	57	亚洲市场	畅享系列	青春版	2 300	1 000	4	2	ISO14000
3	1	58	亚洲市场	畅享系列	青春版	2 000	5 000	4	2	ISO14000
3	1	59	亚洲市场	P系列	简约版	3 700	1 000	3	1	ISO26000
3	1	60	亚洲市场	P系列	商务版	3 700	2 500	3	2	ISO14000
3	1	61	亚洲市场	P系列	商务版	3 600	5 000	2	1	ISO14000
3	1	62	亚洲市场	P系列	青春版	3 500	2 500	4	2	ISO14000
3	1	63	亚洲市场	P系列	青春版	3 500	1 000	4	2	ISO26000
3	1	64	亚洲市场	P系列	简约版	3 300	5 000	4	2	ISO26000

年份	季度	编码	市场	产品	特性	供应商参考价/元	数量/个	交货期/季度	账期/季度	认证标准
3	1	65	亚洲市场	Mate系列	简约版	5 700	2 500	2	2	ISO14000
3	1	66	亚洲市场	Mate系列	青春版	5 700	2 500	4	1	ISO14000
3	1	67	亚洲市场	Mate系列	商务版	5 800	1 000	3	2	ISO26000
3	1	68	亚洲市场	Mate系列	商务版	5 900	1 000	3	2	ISO26000
3	1	69	欧洲市场	P系列	简约版	3 800	1 000	3	1	ISO26000
3	1	70	欧洲市场	P系列	商务版	3 800	2 500	3	2	ISO14000
3	1	71	欧洲市场	P系列	商务版	3 700	5 000	2	1	ISO14000
3	1	72	欧洲市场	P系列	青春版	3 600	2 500	4	2	ISO14000
3	1	73	欧洲市场	P系列	青春版	3 600	1 000	4	2	ISO26000
3	1	74	欧洲市场	P系列	简约版	3 400	5 000	4	2	ISO26000
3	1	75	欧洲市场	Mate系列	简约版	5 900	2 500	2	2	ISO14000
3	1	76	欧洲市场	Mate系列	青春版	5 900	2 500	4	1	ISO14000
3	1	77	欧洲市场	Mate系列	商务版	6 100	1 000	3	2	ISO26000
3	1	78	欧洲市场	Mate系列	商务版	6 100	1 000	3	2	ISO26000
3	2	79	国内市场	畅享系列	商务版	2 200	2 500	4	2	ISO26000
3	2	80	国内市场	P系列	商务版	3 300	2 500	4	2	ISO26000
3	2	81	亚洲市场	P系列	商务版	3 300	2 500	2	2	ISO14000
3	2	82	亚洲市场	Mate系列	商务版	5 100	2 500	4	1	ISO14000
3	2	83	欧洲市场	畅享系列	商务版	2 300	2 500	3	2	ISO26000
3	2	84	欧洲市场	Mate系列	商务版	5 200	2 500	3	2	ISO26000
4	1	85	国内市场	畅享系列	商务版	2 500	5 000	4	2	ISO26000
4	1	86	国内市场	P系列	商务版	3 700	5 000	2	2	ISO14000
4	1	87	国内市场	Mate系列	简约版	6 100	2 500	4	1	ISO14000
4	1	88	国内市场	Mate系列	青春版	6 100	1 250	3	2	ISO26000
4	1	89	国内市场	Mate系列	商务版	6 300	1 500	3	2	ISO26000
4	1	90	亚洲市场	畅享系列	商务版	2 200	5 000	4	2	ISO26000
4	1	91	亚洲市场	P系列	商务版	3 700	5 000	2	2	ISO14000
4	1	92	亚洲市场	Mate系列	简约版	6 200	2 500	4	1	ISO14000
4	1	93	亚洲市场	Mate系列	青春版	6 300	1 250	3	2	ISO26000
4	1	94	亚洲市场	Mate系列	商务版	6 400	1 500	3	2	ISO26000
4	1	95	欧洲市场	Mate系列	简约版	5 800	1 500	2	2	ISO14000
4	1	96	欧洲市场	Mate系列	青春版	5 900	1 500	4	1	ISO14000
4	1	97	欧洲市场	Mate系列	商务版	6 700	1 500	3	2	ISO26000
4	1	98	欧洲市场	Mate系列	商务版	6 700	500	3	2	ISO26000
4	2	99	国内市场	畅享系列	商务版	2 200	2 500	4	2	ISO26000
4	2	100	国内市场	P系列	商务版	3 300	2 500	4	2	ISO26000

续表

年份	季度	编码	市场	产品	特性	供应商参考价/元	数量/个	交货期/季度	账期/季度	认证标准
4	2	101	亚洲市场	P系列	商务版	3 300	2 500	2	2	ISO14000
4	2	102	亚洲市场	Mate系列	商务版	5 100	2 500	4	1	ISO14000
4	2	103	欧洲市场	畅享系列	商务版	2 300	2 500	3	2	ISO26000
4	2	104	欧洲市场	Mate系列	商务版	5 200	2 500	3	2	ISO26000

二、质量认证

认证名称	认证编码	消耗金钱/元	消耗时间/季度
ISO9000	RZ1	10 000	1
ISO14000	RZ2	10 000	3
ISO26000	RZ3	20 000	4

三、市场开拓

市场名称	编码	消耗金钱/元	消耗时间/季度
国内市场	M1	10 000	1
亚洲市场	M2	10 000	3
欧洲市场	M3	30 000	4

四、产品设计

单位：元

特性名称	编码	设计费用	升级单位成本	初始值	上限
简约版	T1	1 000	800	1	1 000
青春版	T2	1 000	1 000	1	1 000
商务版	T3	2 000	1 200	1	1 000

五、原材料

材料名称	材料编码	基础价格/元	数量/个	送货周期/季度	账期/季度
CPU	R1	500	500 000	1	0
主板	R2	500	500 000	1	0
摄像头	R3	500	500 000	2	0
屏幕	R4	500	500 000	2	0

六、产品图纸

产品名	产品编号	碳排放量/t	产品成本/元	CPU/个	主板/个	摄像头/个	屏幕/个
畅享系列	P1	5	1 200	1	1	0	0
P系列	P2	4	1 800	1	1	1	0
Mate系列	P3	2	3 000	2	1	1	1

七、产品生产资质

产品名称	消耗时间/季度	消耗金钱/元
畅享系列	1	10 000
P 系列	2	20 000
Mate 系列	4	50 000

八、生产线

线型名称	购买价格/元	安装周期/季度	生产周期/季度	产量/个	转产周期/季度	转产价格/元
传统线	50 000	0	2	40	1	5 000
全自动线	100 000	1	1	20	0	5 000
全智能线	200 000	2	1	30	0	0

线型名称	残值/元	维修费用/元	初级工人	高级技工	碳排放量	折旧年限
传统线	10 000	1 000	2	0	80	4
全自动线	20 000	2 000	2	1	40	4
全智能线	40 000	5 000	0	2	20	4

九、资产处理

单位：元

资产名称	资产编码	处理价格
产品	1	0.8
原料	2	0.8

十、工人招聘

名称	编码	初始期望工资/元	计件/个	每季度数量/个	效率/%
手工工人	GR1	500	50	30	50
高级技工	GR2	1 500	100	40	60

十一、工人培训规则

培训名称	消耗现金/元	消耗时间/季度	原岗位	培训后岗位	工资涨幅
升级培训	5 000	1	GR1	GR2	100%

十二、贷款规则

贷款名称	贷款编码	额度上限/倍	贷款时间/季度	还款方式	利率
直接融资	DK1	3	1	1	5%
短期银行融资	DK2	3	4	1	10%
长期银行融资	DK3	3	8	2	2%

十三、贴现规则

名称	编码	收款期/季度	贴息
4 季度贴现	TX1	4	10%
3 季度贴现	TX2	3	7%
2 季度贴现	TX3	2	5%
1 季度贴现	TX4	1	3%

十四、费用规则

单位：元

费用名称	费用编码	费用金额
管理费用	FY1	500

十五、基本规则

规则名称	规则编号	规则值
违约金	GZ1	20
税率	GZ2	25
碳中和费用	GZ3	5
咨询费	GZ4	10 000
生产线上限	GZ5	16
材料紧急采购倍数	GZ6	2
成品紧急采购倍数	GZ7	3
初始碳排放量	GZ8	3 000

十六、班次规则

班次名称	班次编码	产量加成/倍	效率损失
8 时制	BC1	1	2%
12 时制	BC2	1.5	50%

十七、员工激励

激励名称	编码	提升效率比例
激励	JL1	20%
涨薪	JL2	50%

十八、初始资产负债

单位：元

现金	应收款	在制品	产成品	原材料	流动资产合计	土地与设备	在建工程	固定资产合计	资产总计
700 000	0	0	0	0	700 000	0	0	0	700 000
长期负债	短期负债	其他应付款	应交税费	负债合计	股东资本	利润留存	年度净利	所有者权益合计	负债和所有者权益合计
0	0	0	0	0	700 000	0	0	700 000	700 000

参 考 文 献

[1] 赵曙明，赵宜萱. 人力资源管理：理论、方法、工具、实务[M]. 3 版. 北京：人民邮电出版社，2025.

[2] 菲利普·科特勒，加里·阿姆斯特朗. 市场营销：原理与实践[M]. 17 版. 北京：中国人民大学出版社，2020.

[3] 程国平. 生产运作管理[M]. 2 版. 北京：人民邮电出版社，2017.

[4] 孔德兰，许辉. 财务管理：原理、实务、案例、实训[M]. 5 版. 大连：东北财经大学出版社，2022.

[5] 张前. ERP 沙盘模拟实战[M]. 北京：人民邮电出版社，2017.

[6] 李璠，刘超. 数智企业经营管理沙盘理论与实践[M]. 北京：清华大学出版社，2023.

[7] 杨静. 企业经营管理沙盘（微课版）[M]. 北京：人民邮电出版社，2021.